わがまま、落ち着きがない、
マイペース…

子どもの「困った」が才能に変わる本

“育てにくさ”は伸ばすチャンス

プロコーチ
NLPマスタープラクティショナー 田嶋英子

青春出版社

はじめに

その「困った」は才能に変わります！

わがまま、落ち着きがない、マイペース……

子育ての中で繰り返される「困った」。

「困った」とネガティブに感じている、それって、ほんとうに、「困った」ことなんでしょうか？　「困った子」なんでしょうか？

実は、その「困った」と感じるもののなかに、才能の芽が隠れているんです。

「わがまま」は、自己主張がはっきりできる
「落ち着きがない」は、エネルギーが高く、行動力がある
「マイペース」は、周りに振り回されず、自分らしく行動できる

子ども独自の特徴を才能として活かせるかどうかは、お父さんやお母さんの捉《とら》え方にかかっています。

特徴は、特徴。いいとか悪いとかはありません。悪いと決めつけずに、強みとして育てていけるんです。

「困った」と感じる、お父さんやお母さんの器を広げるチャンスでもあるんですよ。

少子化の時代の子育て、どうせなら、その「困った」を才能にまで育てませんか？

わがまま、落ち着きがない、マイペース…
子どもの「困った」が才能に変わる本——目次

序章

「困った子」と感じたら、伸ばすチャンス！

第1章

乳児期編
——「〜しないで」が口ぐせになっていませんか

第2章

幼児期編

——ちょっとしたことで、子どもの能力は引き出せる

ヤダ
ヤダ
私の心も
ささくれる

第3章 小学校低学年編
――小3までのセルフイメージが将来を決める！

コネ
コネ
コネ
コネ

第4章

小学校高学年編
——自分を応援してくれる親がいるから安心してがんばれる

第5章

思春期以降編

――うまくいくかどうかは「距離のとり方」で決まる

息子が社会人になりました

カバー・本文イラスト　坂木浩子
本文デザイン・ＤＴＰ　リクリデザインワークス
企画協力　糸井浩

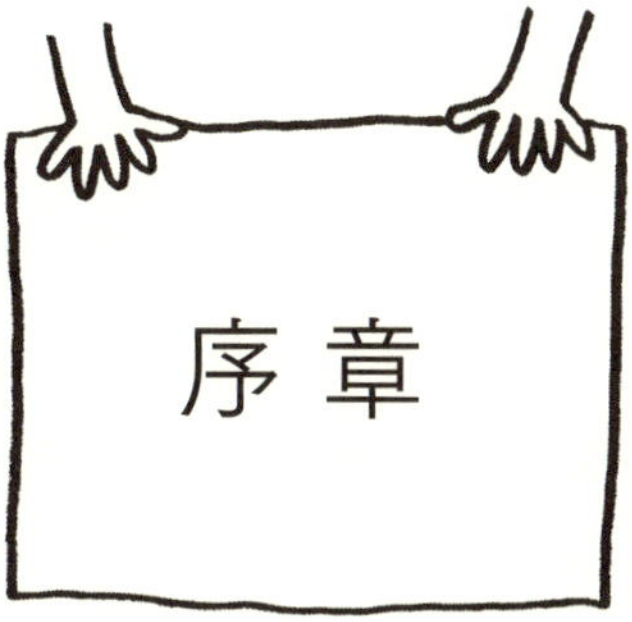

「困った子」と感じたら、伸ばすチャンス！

育てにくい子が増えている

最近、「グレーゾーン」って言葉をよく耳にします。テレビの情報番組や雑誌でも取り上げられています。聞いたこと、ありますか？

「グレーゾーン」

発達障害か、そうでないかの境界線、黒と白との間、「グレー」な状態のことですね。

子どもというものはそもそも未発達な存在なので、「発達障害」なのか、単に発達が遅れているのか、実は専門家にも判断が難しいものなのです。

現代はそういういわゆる「育てにくい子」が増えている、というお話を現場の先生からもよく聞くようになってきました。

しかし、発達障害であってもなくても、子育てにおいて「困った」「育てにくい」と感じることは、実によくあることだと、私は考えています。

そして、**その「困った」をどう捉えるかで、子育てが楽になるかどうか、うまくいくかどうかの分かれ目になる、**と感じています。これは、子育てに限らず、人生のどんな場面でも、同じことが言えます。

簡単に言えば、「困ったな」「いやだな」と感じたときに、それを「チャンスだ」と捉えられる人は、その「困った」「いや」な状況にうまく対処することができるんです。

しかし、「困った」と感じて「困った」まま、つまり捉え方を変えずに状況だけをどうにかしようとすると、うまくいきません。

実は、子育てにおける「困ったこと」は、親である私たちに、何らかの気づきや成長を促してくれる機会なのです。その「困ったこと」と向き合うことで、親も成長するわけです。

向き合うときに、「困った」「いやだな」という姿勢で向き合うよりも、「これはひとつのチャンスだ」という姿勢で向き合うほうが、前向きで生産的なアイデアが出るし、対処ができるということです。

でも、「困った」「いやだ」という状況を、どうやったら「チャンス」と捉えられるのでしょうか。

この本では、発達段階を追って具体的な例をたくさん紹介していますので、読み進めるうちに、どう捉えていけばいいのかというヒントを得てもらえます。あくまでも、ヒントです。

子どもは一人ひとり違います。年齢も状況も違います。親も、それぞれ違います。いろいろな例を見るうちに、自分の子どもの場合、どこでつまずいているのか、どう考えていったらいいのか、つかんでもらえたらいいなと思います。


一方、「困った」と感じているのに、その状況を放置する人もいます。問題があるのに見て見ぬふり、大きくなったら何とかなるという根拠のない楽観主義、先のばし、運まかせです。

もちろん、最初から「放置」ではないんです。ちゃんと子どもに「こうしたらいいよ」「こうしなさい」って言うんです。でも、その通りに子どもがしない、できないので、「もう、お母さんは知りませんよ」って、放置してしまうんですね。

けっこう多いんですよ。子どもの性格のせいにしたり、自分には手に負えないと投げやりになったり、「そのうち何とかなるわよ」という周りの悪気のないアドバイスを聞いて放置したり。

運よくそのうち何とかなることもありますが、手を打つべきタイミングが遅れて、深刻な状況になってしまうケースもあります。

例えば、聞く力に問題があり、音は聞こえているものの、人の声の聞き分け能力が低かった、という子どもさんの場合です。

先生の指示が聞き取れないことが多いので、みんなと一緒に行動できないことがあったり、周りの様子を見てから動くので行動が遅れたりします。

周りからは、「話を聞かない」「グズ」「やる気がない」「言うことを聞かない」と判断されてしまいますね。

注意されたり叱られたりすることが増えます。

でも、何度注意されても、きちんと聞き取れていないわけですから、言われた通りにできません。

特に、集団のなかで、ざわついているときに言われるとダメです。先生の声よりも周囲の雑音のほうを拾ってしまうんですね。

そこを理解してもらえずに、叱《しか》られてばかり。

そのうち、「自分はダメだ」「みんなのようにはできない」という思い込みができてしまい、自信がなくなります。

本人にとっては理不尽に叱られる（ように思える）ことが繰り返され、人を信頼することができなくなったり、集団での生活が嫌《いや》になったり、学力不振にもつながりかねません。

いったん「自分はダメだ」という思い込みができてしまった子どもは、その前提で生きているので何をしても成功するのが困難になります。

こんなふうになる前に、手を差し伸べる必要があるわけです。

○○くんが指示を聞かないので困っています
すみません……
この音は何だろう
みんな集合だよ～
ブッブー
ピーッ
"聞いていない"んじゃなくて"聞こえない"んだね
うん、わかってくれた

「困った」ことに対処するための2つのプロセス

つまり、「困った」ことにうまく対処するためには、二つのプロセスが必要だということです。

一つは、「チャンス」だと捉えること。

「困った」と感じるのは、「思っていたのと違う」「思い通りにいかない」ということのサインです。

そこで、ちょっとだけ立ち止まって、「どう思っていたのか」「どうなるはずと予想していたのか」を見てほしいのです。

その「思っていたこと」は、ほとんど無意識に思っていることなのです。今までの自分が育ってきた環境で身につけたものや学んだもの、「ふつう、こうするでしょ」という「常識」、親や祖父母からの刷り込み、地域での風習など、もはや現代では不要なものも少なくありません。

その「思っていたこと」を明確にせず、「困った子」という視点からだけ対処しようとすると、なかなかうまくいきません。

視点を変え、視野を広げ、「困った子」と感じているお父さんお母さん自身の信念、思い込みを見つけることが必要です。

そうすると、**「困った子」と感じていたその子どもの可能性や、強みが浮き上がってくる**のです。

もしくは、今ここで、これに向き合うことが必要なんだ、ということが分かってきたりもします。

そのためには、どのように乗り越えていけるだろうかと前向きに捉え、子ども自身には対処できる力があり、親である私たちにはそれをサポートできる力がある、社会にはそれを支える仕組みがある（ない場合は構築することができる）という前提を持つことです。

もう一つは、その前提のうえで、しかるべき手を打つこと。

「困ったことはチャンスなんだ」と捉えればいい、という単なる精神論で終わってしまっては、問題は解決しません。

しかるべき手を打っていくことが重要です。

まず、「困っている」のが、親なのか、子どもなのかを明確にします。

親の問題であることも多いです。子どもと関わる時間は、圧倒的にお母さんが長いです。お母さんが「困った」と感じているとき、お母さんの考え方、価値観、やり方と、子どもの現状がずれているということです。

そう言うと、お母さん方は、「私が我慢すればいいんですね」とおっしゃるのですが、その「私が我慢」方式はオススメしません。

よほど人間ができた悟りの高い方でなければ、どこかで反動が出てしまうからです。

「しかるべき手を打つ」とは、どういうことなのか、お伝えしていきますね。

子どもの能力の問題であれば、どうサポートすればいいのか、ということです。

子どもの特性、子どもの発達の状態を見きわめて、どこでつまずいているのかを見つけます。

「困った」を「できる」ようにサポートしていきましょう。

障害があるかどうか、グレーゾーンかどうか、判断がつくまでには時間がかかることが多いです。

その間、ただ悩んでいるのでなく、わが子にはどんな特性があるのか、何が効果があるのか、働きかけてみましょう。

そうやって親と子どもが向き合う機会をつくることで、「困った」状況が改善していくことも多くなります。

この本では、子育てをするうえでの、ちょっとした「困った」から、けっこう深刻な「困った」までを、どう捉え、どう対処していくのか分かりやすくお伝えしようと思います。

子育てというシチュエーションでお話ししていきますが、人生全般にわたって使える考え方とスキルになると思います。

どんな「困った」ことが起きても、「チャンスだ！」と捉えることができれば、うまく対処できます。

私たち大人《おとな》も、そして子どもたちも、人生の難局に当たるときに、「チャンスだ！」と捉え、うまく対処できるようになっているといいですね。

未来につながる子育てを意識しましょう

現代は少子化の時代、そして今後はＡＩを中心とした先進テクノロジーに単純労働市場が奪われていく時代になっていきます。そんな時代に生まれ合わせた子どもたち。

子育てには、独特の特徴があります。

一人ひとりに手がかかります。

「困った子」と感じる子ども、発達にでこぼこのある子が増えています。

子ども時代が長いかもしれません。

集団での指示や命令に従って行動しない子が増えています。

先が見えず、今までのやり方も通用せず、不安を感じることが多いです。


今までのどの時代とも違う時代に生まれ合わせた子どもたち。どんな未来を創っていくのか、大きくなってどんなふうに生活し、どんなふうに働き、どんなふうに生きていくのかを想像しながら子育てしていくといいですね。

今までと同じ価値観、同じ育て方ではないだろうと思いますよ。そのなかで、どんなものが不変であり、どんなものは変えていったらいいのかも、この本でお伝えしようと思います。

何が大切なことで、何が些末《さまつ》なことなのか。自分は何を大切にして、どんな目的で生きていくのか、考える機会になればと思います。

あっ、もちろん、難しくないですよ。いろんなケースを見ながら、「ウチはどうかな」

って考えてもらえばいいんです。カンタンです。

こうして子育ての本を書いていると、いろいろな方からご相談を受けます。

そのご相談の内容は、本当にさまざまで、私の答えもさまざまで、同じ答えになることはありません。

なぜなら、子どもたちは一人ひとりまったく違う個性を持っていて、成長具合も、家庭環境もそれぞれ違うからです。

そして、その相談をしてくるお父さんやお母さん（おじいちゃんやおばあちゃんのこともあります）も、それぞれまったく違う価値観や個性を持っていらっしゃるからです。

当たり前のようにも思えますが、「この症状にはこの薬」みたいな特効薬は、子育てにおいてはありません。

ある子どもさんには有効だったことが、別の子どもさんには逆効果になることもあります。同じ子どもさんでも、ある時期には有効だった方法が、少したつとまったく効果がないこともよくあります。

このお母さんには簡単にできる方法が、別のお母さんにはものすごくハードルの高い方法に感じられることもあります。

今までたくさんの方に関わらせていただいた経験や知識を総動員して、こんなアプローチが効果的ではないかと一緒に考えていくのですが、その判断には一つの基準というか、考え方、やり方があるのです。

こんなふうな筋道で考えたら、「問題」は解決する、うまくいく、という、やり方です。

この本では、「困った子」「扱いにくい子」「育てにくい子」と感じる子どもさんを育てている方向けのお話をしようと思いますが、そのなかで、なぜ「困ったな」と感じるのか、その仕組みと、その対処法を、つかんでもらいたいなと思っています。

だって、人生は「困ったな」と思うことの連続です。子育て中は特に、「困った」事態が次々とやってきます。一つクリアしても、また次が。

行き当たりばったりでやりすごすのではなく、クリアするプロセスのなかで学びましょう。

そうして、だんだんと応用できるようになったら、「何が起きても、大丈夫」って思えます。


何が起きても、大丈夫です。

あなたに解決できることしか、あなたの人生には起こらない、ってことです。今まででそうだったでしょう。これからもそうです。

あなたがわざと問題を先送りにしたり、わざと複雑にしたりせず、起こったタイミングで勇気を出して対処していけば、問題は必ず解決します。

もし解決しないまま持ち越している問題があっても、大丈夫。

子育て中は、自分の問題を解決するのに最適な時期でもあります。

子どもの「困った」に向き合っているうちに、自分のなかの問題も整理できたり、解決したりするんですよ。

子育てってスゴイです。子育てという体験って、人間が成長する最強のプログラムです。

先の見えない時代だからこそ、自信を持って子育てしてほしいと思います。単なる楽観的で根拠のない自信ではなく、しっかりと根拠のある自信です。どんな「困った」ことが起きても、地に足をつけて「チャンス」と捉え、確実な手を打っていける自信です。生まれたときからずっと子どもを見てきた、お父さん、お母さんにしか持てない自信です。

先の見えない時代を生きるのに必要な力は、自分で感じ、考える力です。想像し、創造する力です。

この本を通じて、その力を呼び覚ましましょう。

子どもさんも、お父さん、お母さんも、ご一緒に、成長しましょうね。

第1章

乳児期編

――「～しないで」が口ぐせになっていませんか

きたない！散らかる！うるさい！…その「困った」には大事な意味がある

最初に、未就園児、つまり、幼稚園や保育園に行く前の、小さな子どもたちの発達のことをお話しします。目安としては3歳までくらいです。

この本を手に取ってくださる方の多くは、もっと大きい子どもさんを育てているところだと思うのですが、復習がてら、読んでみてくださいね。

子どもの発達において非常に大事な時期が、この未就園のときです。

振り返ってみましょう。

大好きなお家《うち》にいて、お父さんやお母さんがいつもそばにいてくれる。

自分が何をするのか、見守ってくれて、にこにこしてくれて。

昨日できなかったことが、今日はできるようになっている、と気づいて、喜んでくれる。
大好きなおもちゃ、お気に入りのコップ。
安心して座っていられる自分のイス、手触りのいいなじみのあるタオル。
いつもと同じご飯のにおい、ちょっとしょっぱいお味噌汁の味。
公園に行ったり、お買い物に行ったり、手をつないだり、スキップしたり。
そして、大好きなお家に帰ってくる。
みんなでお風呂に入ったり、絵本を読んでもらったり。
気持ちのいいお布団《ふとん》で、トントンしてもらって寝たり。
そして、また朝が来て、おはようってお父さんの声。トーストの焼けるにおい。
おはよう。今日は何して遊ぼう。

イメージできましたか？
この時期の子どもにとって、お家が世界のすべて、家族が世界のすべてです。
どこかに出かけても、「よそへ行った」。

誰かと会っても、「よその人」。

そんな表現をしますよね。そんな認識です。

お家が、世界の、すべて、

家族が、世界の、すべて、です。

このことの重要性をもう一度、感じてみてくださいね。

お家が安心していられる場所であれば、子どもは安心して生きられます。

家族が自分のことを好きでいてくれれば、子どもは自分が好きでいられます。

人生の最初に認識する世界が、お家であり、家族です。

そうお話しすると、「もっとちゃんとしなきゃ」とか、「私はそんな立派でない」とか、変にプレッシャーを感じる方も多いですが、そうではないんです。

お伝えしたいことは、毎日当たり前のようにやっていらっしゃる「家事」「育児」って、ものすごい価値のあることだよ、ってことです。

そして、子どもたちは、見たり聞いたり、触《さわ》ったりにおいを嗅いだり、味わったりして、世界を認識しています。

見たり、聞いたり、触ったり、においを嗅いだり、味わったり、というのは、「五感」と言われます。視覚、聴覚、触覚、嗅覚、味覚、の五つの感覚です。

身体がどんどん発達するこの時期に、世界と自分とを結びつけるのは、この感覚なのです。この感覚を発達させる機会を、どうか大切にしてほしいなと思います。

赤ちゃんが、目に入ったものをつかもうと手を伸ばしますね。上手につかめなくて、何度も何度もやって、つかんだら、今度は口へ持っていって、なめようとします。

振ったりたたいたりして、音がしたら、その音を聞いて、もっと振ります。

試しているんですね。振るという行動と、音がするということを結びつけているんです。言われなくても、教えられなくても、自分でやります。

見ていて、本当にかわいいし、飽きないですよね。

ところが、ちょっと大きくなってくると、止められることが増えてきます。

さわらないで！
なめないの！
うるさい！
きたない！
落とさない！
散らかさないで！
静かにして！

いや、言いたい気持ちはよくわかるんですよ。私もそうでしたから。
汚いし、散らかるし、うるさいし、壊れるし、止めたいですよね。
でも、ちょっと待ってくださいね。
それ、どうしても止めなくてはいけないことですか？
どうしても止めなくてはいけないこと、なら、止めてください。

取り返しのつかないような、貴重なものであるとか、ケガや命に関わるような危険があるとか、周りの人に非常に迷惑をかけるとか。

でも、どうでもいいことまで止めてませんか？　もし、そうなら、ちょっと待ってあげてもらえませんか？

そうです、**子どもが五感を使って、世界を認識しようとしている**からです。

現代は少子化の時代、ついつい先回りして、汚くないように、ケガしないように、物を壊さないように、失敗しないように、子どもの五感を使う体験を奪ってしまっているのです。

もちろん、何の悪気もありません。よかれと思ってのことです。でも、子どもが自分で体験するという機会は、奪われることが多くなっていると感じます。

これから具体例を挙げてみますので、読みながら、自分はどうかなと感じてみてくださいね。

1

寝ない、ぐずる

↓

子どもがくれた休息のチャンス。今夜は、何もせずに、お休みしましょう

もう寝る時間なのに、なかなか寝ない。困りました。

早く寝てくれないと、と思えば思うほど元気満々、お目《め》目《め》ぱっちりです。

お母さんがそばにいないと眠れないとか言うし、添い寝すると自分も一緒に寝ちゃうし、そしたら家のことができなくてあとで困るし。

そう思うと、キリキリしてきて、いやな気持ちです。

これは、お母さんの「困った」です。

子どもは、困ってませんね。

子どもは、眠くなったら寝ます。

えっ、早く寝かせないと、成長のためによくないんじゃないの？

って声が聞こえてきました。

それはそうなんですが、「子どもの成長のために、早く寝せたい」というのも、お母さんの「困った」なんですよね。


自分がどう感じているかを、深く見てみてくださいね。

何が何でも寝かせないと、と思いすぎていないですか。

子どものことよりも、家事の段取りのことばかり気にしてないですか。

早く寝て早く起きる習慣をつけないと、園に行くときに困る、と未来のことばかり心配してないですか。

添い寝して一緒に眠ってしまうということは、お母さん自身、疲れているんではないですか。

眠れないことって、大人にもあります。

もしかしたら、昼間に遊び足りてないのかもしれません。

もしかしたら、体力がついてきて、お昼寝があまりいらなくなっているのかもしれませんね。

夜寝る前にはしゃぎすぎて、テンションが上がりすぎているかもしれません。

それは明日からまた工夫《くふう》するとして。


とにかく、お部屋を暗くして、一緒に横になってあげませんか。静かな声で子守唄をうたってあげたり、お話をしたりしてみてください。

お母さんが眠ってしまってかまわないんです。お母さんも体を休めなさい、ってことかもしれません。

子どもがチャンスをくれたと思って、一緒に休息するのがいいかなって思います。

家事も、明日の朝にしましょう。

今夜は、何にもせずに、お休みしましょう。

もう寝かさないと
明日起きられない
まだ家事も
終わっていない
とりあえず
寝かしつけよう
15分後
スカー
Z
スー
それでいいのニャ

この「困った子」は、Hちゃん、もうすぐ3歳、春にはお姉ちゃんになります。Hちゃんのお母さんは、とても頑張り屋さんで、子育て中は次のキャリアのために資格を取ろうと勉強もしています。

それはとてもステキなことです。私も応援しています。

でも、ちょっと先取りしすぎかな。

お母さんが、「今、ここの、私」も大切にすることができたら、いいなって思います。

2 ぐずぐずして言うことを聞かない

「未熟」だからこそ「成長」する。言葉で表現できない気持ちを聞こう

何をしても気に入らない、ってことありませんか？

体調が悪いわけでなく、お腹がすいているわけでもなく、のどが渇いているわけでもなく、眠いわけでもなく、一緒に遊びたいのか、一人で遊びたいのか、それとも遊びたくないのか、分からない。お母さんにも、たぶん、子ども自身にも、分からない。

そして、ただ、機嫌が悪い。

「どうしてほしいのか、どうしてあげたらいいのか、分からないんです。子どもの気持ちが分からない、一緒にいるのが苦痛です。私って、子育て向いてないと思います」

そうですね、何をしてもぐずるときって、あります。

ぐずぐずして言うこと聞かないとき。かんしゃくを起こして動かないとき。

本当に情けない気持ちになりますよね。腹が立ったり、無力感を感じますよね。電車の中とか、スーパーとか、ほかの人の目も感じると、ますます。お母さんなのにどうにもできないって、自分を責めたりもしますよね。

それは、どのお母さんも、あるんです。だって、どの子も、やりますから。だから、あなたが子育てに向いてないなんてことはないんですよ。

そして、「しつけ」の問題でもありませんね。だって、まだ自分がしたいことさえ表現できない段階なんですから、しつけでどうにかなるわけがありません。

そうです。まだ、表現できないんです。だから、泣いたりわめいたり、ぐずぐずしたりするんです。

え、でも、ウチの子だけ、のような気がしますか？

そうではありません。その子によって、もちろん発達の早い遅いはありますが、みんなそうです。みんなそうやって大きくなっていくんですよ。

電車の中で、にらまれましたか？　その、にらんできた人だって、ぐずぐず泣きわめいた小さいころがあったんですよね。

どうやって、表現できるようになったんでしょうか。

きっと、**お母さんに、「どうしたの？　どこか痛いの？　お腹すいたの？　お茶飲む？」って、聞いてもらって、ちょっとずつちょっとずつ、表現できるようになっていったん**ですよね。

上手に表現できない子どもと、どうにもしてあげられないお母さん。

世の中には、どうにもできないことって、あると学びましょう。

電車のなかでにらんでくる「よその人」がどう思うかは、あなたにはどうにもできません。迷惑に思われても、いいんです。そんなに子どもを叱らなくても、そんなに自分を責めなくても、いいんですよ。

お母さんは万能でなくて、いいんです。子どもは未熟です。そして、お母さんも未熟です。毎日、ちょっとずつ表現できるようになります。それで、いいのです。

3 ちゃんと育っているか不安、子育てに自信がない

↓ 「不安」は悪いことじゃない。ポジティブ変換の練習、はじめよう

そうそう、私も不安でした。

特に最初の子である長男は3月生まれ。ほかの子よりも遅れたらどうしよう、ちっちゃくていじめられたらどうしよう。みんなのように、上手にできなかったら、かわいそう。

産後すぐ、まだ赤ちゃんの長男を見ながら、幼稚園で、ひとりだけ上手にできず、ちっちゃくていじめられている姿を思い描いて、胸がキュッとつまって涙がぽろぽろ出ました。今でも鮮明にそのときの胸の苦しさを思い出すことができます。

生まれたばかりの赤ちゃんから、数年後のいじめを想像するなんて、すごいイメー

ジ力だと思いませんか。

このお母さんのイメージ力があるから、子どもは無事に大きくなれるんだと、つくづく思います。周りのあらゆるものが敵のように感じられ、何があっても、この子を守らなくては、という種《しゅ》としての本能、母性本能が、子どもの命をつないできたのに、間違いはありません。

重要なのは、この母性本能は、危機回避のためにあるという事実をよく知っておくということです。危険なことを避けるため、わが子の命を守るためにありますから、ネガティブなサインに気がつきやすいのです。

ネガティブなことが起こるかもしれない、と気がつくわけですね。

だから、その力はそのまま使うと、ネガティブなことをイメージしてネガティブな状態を引き起こすケースがあるということを知っておきましょう。

私たちのイメージの力は、私たちが思っている以上に、私たちの世界を創っています。

本能は、考えることなく、つまり、意識することなく働きますから、無意識レベル、潜在意識のレベルで、ネガティブな出来事をイメージしてしまっているということです。しかも、痛みを感じたり、涙が出たりするほど、強烈なイメージです。それをそのまま無意識レベルで行動すると、現実との差異が出てきます。

こんな感じです。

小さな子どもが坂道を走って下りてきました。

それを見たお母さんは、

子どもが転んでひざをすりむいて、そのひざからは血が出て、すごく痛くて、子どもは泣いてつらがって、というイメージを一瞬で描きます。

そして、こう言います。

「あぶない！　転ぶよ！」

あるある、ですね。

では、これはどうでしょうか。

子どもが、テレビで活躍するスポーツ選手を見て、

「私も、テニスでウインブルドンに出て優勝する」と言いました。

「ものすごく努力しないとダメなのよ。**あなたには無理よ**」

そんなふうに言ってしまいます。

お母さんのイメージのなかでは、どんなものが見えているのでしょうか。

そのイメージは、過去の失敗の中から出ています。しかも起こりうるいちばん最悪なイメージです。

だから、「無理よ」って言って、子どもの行動を止めようとするんです。

子どもが転んで痛い目にあわないように。

子どもが失敗して泣かないように。

子どもがつらい思いをしなくていいように。


そんなシステムになっているんです。

でも、そうやって子どものチャレンジを止めていたら、どうなるでしょうか。

成功する喜びも、失敗して感じる悔しさや挫折感も、チャレンジするなかで得られたはずのたくさんの経験も、すべて感じることなく、ただ時間だけが過ぎていくことになりますね。


お母さんの無意識のその一言が、子どもの未来を閉ざすことになるかもしれません。しなかったことに対する後悔は、年を取れば取るほど深いものになっていきます。


子どもに、どんな未来を歩んでほしいですか？

いろいろなことにチャレンジして、成功も失敗もぜんぶ経験にして、たくましく自立していってほしいですよね。

そのために、お母さんのその力を、無意識に使っている力を、意識的に変換して使えるようになったらいいなと思いませんか？

どんなふうに、変換したらいいでしょうか。

それは、ポジティブ変換するということです。

無意識に、ついつい「失敗したらどうしよう」と思ってしまうのですから、それに気づいたら、意識して「何を望んでいるのか」「どうなったら成功か」と考えるくせをつけましょう。

具体的に、明確に、考えます。これは一生使えます。使ってください。

練習してみましょう。

「遠足の日に、雨が降ったらどうしよう」

雨が降って、傘も上手にさせなくて身体が濡れて、○○ちゃん、風邪《かぜ》ひいちゃう。リュックや持ち物も濡れて、冷たくて、寒いし、歩きにくいし、かわいそう、っていうイメージ、不要ですよね。でも、変換しなければ、ネガティブなイメージはどんどん膨らんでしまいます。

ポジティブ変換しましょう。

⬇

「遠足の日、すっきり晴れた、いいお天気になります」

さわやかな風の吹く、きれいに晴れたお天気の日、リュックをしょってうれしそうな○○ちゃんの姿、お友だちとお弁当を仲良く食べている様子、お家に帰って、どんなに楽しかったかお話ししてくれるときのキラキラした目、イメージしてくださいね。

意識できるように、紙に書いて目につくところに貼っておくのもいいですね。


もう一つ、練習です。

「4月からの幼稚園、○○ちゃんが行きたがらなかったら、どうしよう」

朝からぐずぐず、泣いてお母さんから無理やり引き離される○○ちゃんの姿。涙でぐちゃぐちゃな顔、つらそうな泣き声……いえいえ、それ以上はイメージを暴走させないでくださいね。

↓

「4月からの幼稚園、○○ちゃんは大喜びで元気に通います」

どんな姿をイメージしますか？　具体的に、明確に、望む姿を描きます。

ポジティブ変換、練習してくださいね。

すべり台やりたい
まだ無理だよー
ネガティブ思考から
できる状態をイメージする
いいよー
ポジティブ思考へチェンジ!!

4 手が離せない、目が離せない

目を離せないのは、見る必要があるから。親も子も「人の愛を受け取る時期」です

子どもって、本当に手も目も離せません。周りのすべての注目、すべての関心を集めてしまいます。どうしてか、知っていますか？

哺乳類《ほにゅうるい》の中でも、ヒト、人間だけが、未熟な状態で生まれてくるからなんです。聞いたこと、ありますか？

馬や牛、象もサルも、生まれてすぐに、自分の足で立つことができます。数時間もしないうちに、自分からお母さんのおっぱいを探して吸うことができます。野生の環境の中で、そうでなければ生きることができないからですね。

ところが、人間の赤ちゃんは、自分では何もできません。歩くことも、自分からしがみつくこともできないのです。だから、手が離せないし、目も離せない。そうでなければ、生きていくことができないからです。

これは、人間が二足歩行をするように進化したからだと言われています。赤ちゃんが胎内で充分に成長するまで、お母さんのお腹にとどまることができないからということです。

手が離せない、目が離せない。

小さい子どもを育てているお父さん、お母さんにとっては、大変なことだと思います。

ちょっと目を離すととんでもないことになっています。

たとえば、トイレに行って戻ってみると、

箱からティッシュペーパーを全部出して、得意そうな顔をしていたり。

コップを倒す。

お皿はひっくり返してみる。
届かないところに置いておいたはずなのに、
わざわざ上って落としてみたり。

たとえば、ちょっと静かに本でも読もうと思っても、
「ねえねえ」と寄ってきて、
ひざの上に乗ってきたり。
何か持ってきては、見て見て。
いちいち返事している間に、どこを読んでいたか分からなくなったり。

食事を作ったり、食べさせたり、片づけたり、
お顔をきれいにしたり、お手てをふいたり、
お洗濯して、お風呂に入れて、
寝かしつけするまで。

寝ている途中も、起きておっぱいあげたり。

24時間、子ども中心です。


どうでしょうか。

正直なところ、子どもに関すること以外、何もできないと思いませんか。

手も目も離せない時期がある。

私は、このことこそが、人間を人間にしてくれているのではないかと、最近思うようになりました。

子どもにとっては、未熟な状態で生まれてきて、自分では何もできないから、何もかもを周りにゆだねているから、ただ愛を受け取ることができる。

働いたり何か生み出したり、そんなことをすることなく、ただ存在している。そのことで愛を受け取る。そんな時期です。

そして、その子どもを育てていくことも、一人ではとうていできません。誰かと協力していかなくては、子どもって育てることができないようになっているんです。

そういう仕組みです。

親にとっては、自分一人ではできないことがある、と学ぶ時期です。

協力してもらう人は、家族であったり、親せきであったり、近所の人、シッターさん、託児施設や保育園の場合もあります。

自分一人では、子育てはできません。

誰かに頭を下げたり、お願いしたり、感謝したり、する機会です。

相談したり、連絡したり、報告したり、コミュニケーションを取る機会です。

段取りをしたり、予定をすり合わせたり、マネジメントの能力を高める機会です。

そして、一人の子どもをみんなで愛を持って育てていく機会です。

私は、この、「人にお願いする」というのがとても苦手でした。私と同じように、このハードルを越えられなくて苦しんでいるお母さん方がたくさんいると感じています。

大切なことなので、もう一度、言いますね。

子育ては、一人では、できません。
それは、神様がそういう仕組みにしてくれているのです。

一人で子育てしようとしすぎて、苦しむのはやめましょう。あなたが有能でないから、誰かの手を借りるのではありません。どんな有能な人でも、一人では無理なようにつくられているのです。人に迷惑をかけるのをおそれすぎて、自分を苦しめるのはやめましょう。
そして、たくさんの人の愛を受け取ることを、子どもと一緒に体験しましょう。

さて、そういう仕組みだということを充分に理解できたら、逃げるよりは積極的に、戦略を立てて行動、ですね。

目や手を離せない、というのが前提ですから、子どもが「遊んで」とやってきているときは、目も、手も、心も、しっかりと子どもに向けてみましょう。

お母さんはしっかりと自分を見てくれる、というのが子どもにとっては最大の安心感です。ほかの何よりも、ほかの誰よりも、自分を見てくれる、というのを確認したいのです。

しっかりと子どもに気持ちを向けられるように、お母さんは自分のケアをしなくてはいけません。それは、ほかの人に子どもを託すことであったり、自分自身のために時間やお金を使うことだったりします。それは、自分のためである以上に、子どものためになります。

罪悪感なんて、不要です。むしろ、義務です。

お母さんが満たされているから、子どもに愛を注げるのです。

5 何でも口に入れる

↓ それは「赤ちゃんの勉強」です。子どもの感覚になって感じてみよう

困りますね。何しろ、危ないです。

誤飲って、聞いたことありますよね。

乳幼児の誤飲は、家庭での死亡事故原因の1位です。そして、赤ちゃんの時期よりも、ちょっと大きくなった2歳くらい、自由に動けるようになり、親が油断するころが危ないと言われています。

もちろん、まだ何がダメなのか理解できないので、親が防いであげなくてはいけません。その前に、子どもがどうして何でも口に入れようとするのか、どんな感じで口にいれているのか、お話ししましょう。

赤ちゃんは、生後5か月くらいになってモノをつかめるようになると、まず口に入れます。モノを認識するという行為のなかで、なめる、というのが赤ちゃんの五感の最優先です。

最も身体に近い感覚、いや、口の中に入れるわけですから、身体と同化して感じる感覚、それが味覚です。

でも、食べ物と飲み物以外は口に入れないということが理解できる大人にとっては、どうして子どもが何でもすぐ口に入れたがるのか分からないかもしれませんね。

ちょっとどんな体験なのか、追体験してみましょう。

何か、あなたの好きな食べ物、赤ちゃんですから、かまなくていいもの、やわらかいものにしましょう。

イメージしてみてくださいね。

それを口に入れます。何を感じるでしょうか。

味だけではないんですよ。
舌触り、触感も感じています。
吸ってみます。
吸いごこち、っていうのかな、感じます。
舌を動かして、少しずつ口の奥のほうへ運びます。
口の中でつぶしてみます。
どのくらいのかたさか、どれくらの圧力でつぶれるのか。
口の中で崩れる感じ、溶ける感じ。
口の中いっぱいに広がっていく、感じ。
あまい？　すっぱい？
しゅわっとする？
じわじわ広がる？
唾液と混じる、感じ。
ごっくん。

のどを通っていく感触。
口の中に残る、味わい。
鼻に抜ける、香り。

とても繊細な、そして豊富な情報が、口に入れるという行動から得られるのが、追体験できましたか？

小さい子どもにとって、口に入れて確かめることが自然な行為だと、少し理解できたのではないでしょうか。
口に入れたい気持ちを感じるのは、無理もないって、思えましたか？

そうしたら、その気持ちになって、お部屋を見回してみてくださいね。子どもの目線まで、しゃがみます。床に寝転ぶくらいの姿勢で、はじめて見えてくるものもあります。

それはなめちゃダメでしょ
なんで何でもなめるの？
ん！
舌触りがいい!!
そして柔らかい
ただい……ま
ママ、何してんの？
いや!!これにはワケがあって…
ドサッ

口に入れて、確認したいと思うものを、見つけることができましたか。手に取って、口に入れたいな、と思うもので、口に入る大きさ（直径4センチ以下）のものは、子どもの手の届く範囲から取り除きます。

タバコや薬、お酒も、危ないですよ。大人が口にしているので、マネしたくてしかたありません。手の届くところに置きっぱなしにしないようにしましょう。

誤飲の最大の原因、子どもの事故の最大の原因、それは「まさか」です。

子どもの行動が予測できない、子どもの動機がイメージできない、子どもの気持ちが分からない、子どもの感覚が分からない、だから、「まさか」が起こります。

子どもの立場に立つ、ではありません。頭で考えるんじゃ、ダメです。

子どもの感覚になって感じてみる、です。小さい子ども、言っても理解できない子どもを守るためには、「感じる力」が必要です。イメージ力が、事故を防ぎます。

イメージ力で、子どもを守りましょう。

子育てすることで、イメージの力、ぐんぐんつきますよ。

6 遊び食べ、偏食・小食

↓「座っていられない」のは○○が足りないサイン！

食べることって、人によってずいぶん捉え方が違うものです。

子どもの身体は、食べるものでつくられているから、できるだけ身体によい材料で、栄養のバランスもきちんと考えて、手作りのものを食べさせているというこだわり派の方もいます。おいしくなければ意味がない、と考える方もいますね。いや、もう、とにかく作って食べさせるだけで精いっぱいという方も、作る暇もなくて、外食、中食に頼ってます、という方も。

それぞれのご家庭で、それぞれの考え方や、やり方があってかまわないと思います。

子どもが小さいから、あんまりこだわれないと考える方もいるでしょうし、子どもが小さいからこそ、こだわっていきたいと思う人もいるでしょう。

ウチは、というと、一番下の子が3歳になるまでは基本的に家でできる仕事をしていたので、どちらかというと手作り派です。

健康にいいから、という理由よりも、安くてたくさん食べさせることができるから、という理由でした。

さて、こんなご相談を受けたことがあります。

子どもさんは3歳、Mちゃんです。「ご飯を食べるときに、すぐに立ってしまう。遊んでいるのか食べているのか分からない状態になるんです。食べる量も少ないです。ちゃんと座って食べるようにしつけようと思うけれども、できません。どうしたらいいですか?」という相談です。

あなただったら、どう答えますか?

お母さんには、こんなことをお聞きしました。

Mちゃんは、好きな遊びはなんですか？　毎日どれくらい外で遊ばせていますか？

そう聞くと、お母さんは、えっ？　という顔になりました。

ちゃんと座って食べるようになるためには、背筋《せすじ》を支えることができる筋肉が必要です。その筋肉をつけるためには、外遊びが欠かせません。広さのある公園で思いきり走ったり、鉄棒にぶら下がったり、していますか？

「ああ、そうなんですね。考えたこともありませんでした。好きな遊びは、お絵描きとかで」

きっとそうだと思いました。Mちゃん、あんまり日に焼けていません。身長のわりに筋肉が少ない印象です。

子どもに、「ちゃんと」座ってもらおうと思ったら、「ちゃんと」筋肉をつけなくてはいけません。

これは、ご飯を食べるときに限らないんですよ。**幼稚園や学校で、イスにちゃんと**

座れない子が増えています。子どものやる気や、親のしつけの問題とは別のところに、解決策があります。

今の時代は、子どもが自由に遊べる公園が少なくなっていたり、紫外線の問題もあったりしますが、その分は工夫してください。ウチの3人の子どもたちは、生後2か月ぐらいから、毎日必ず外へ連れて行っていました。だっこして、ベビーカーに乗せて、雨の日は傘をさして、歩けるようになったら、レインコートを着せ長靴をはいて。暑い日も、氷の張るような寒い日も。3歳からスイミングにも通っていました。体力、特に肺活量と筋肉をつけるためです。

大切なことは、「なぜ、ちゃんと座って食べないんだろう」と考えるのではなくて、「どうしたら、ご飯を食べ終えるまで座っていられるようになるだろう」という問いです。

似ていますが、考えるベクトルが全然違います。

Mちゃんのお母さんには、外遊びの時間を積極的に作って、筋肉をつけるようにしましょうね、とお話ししました。たくさん遊べばお腹もすくから、きっと食べる量も増えます。食事の前に、おやつや甘い飲み物をあげないようにしたらいいですね。

そして、食事のときに大切なことは、楽しい気持ちで食べるということです。

小さい子どもは、遊び食べしたり、食べる量にムラがあったり、好き嫌いがあったりするものです。

食べ物を手でぐちゃぐちゃにしたり、その手で服やテーブルをベタベタさわったりするなんて、「食事はちゃんと食べるもの」という信念のある、潔癖で真面目《まじめ》なお母さんほど、許せませんし、直さなくてはと思いがちです。そして、楽しく食べる、おいしく食べるということを忘れがちです。

子どもにとって、ご飯を食べることがいやな時間にならないように、お母さんにとって、食事時間が苦痛な時間にならないように、大事なことは何か、考えましょうね。

第2章

幼児期編

——ちょっとしたことで、子どもの能力は引き出せる

「ぼく（わたし）、愛されている！」という実感が子どもの心の支えになる

この章では、幼稚園や保育園に通い始めた、年齢的には3、4歳からの子どもの「困った」について、お話ししましょう。

お父さん、お母さんのお仕事の都合で、もっと小さいころから保育園に行っている子どもさんもいると思いますが、ここでは3歳以上の幼児保育を目安に考えてくださいね。

この年代の子どもの生活の一番大きな変化は、集団での保育が始まるということです。

お家の中では、基本的に一対一です。それに対して、一対多、集団の中での生活が始まるわけです。

この移行の時期は、子どもにとって大きな変化の時期です。お家という、絶対安心

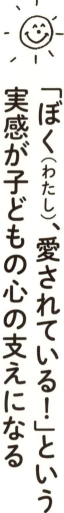

な場所からスムーズに移行できるかどうかは、それ以前の子どもとの関わり、子どもにどれだけしっかり向き合ってきたかにかかっています。

集団生活にすぐになじめるか、なじめないかは、その子どもの個性によります。良い悪いはありません。

どんな子どもであろうと、親はなじめるようにサポートしていくし、子どももなじむように努力していく、がんばっていく必要があるだけです。

集団生活に入る前に、充分に子どもに愛情を伝えた、伝わったという親の実感が、がんばろうとしている子どもを支えてくれると私は考えています。

そうです、「親の実感」、あえて言えば、「お母さんの実感」です。

お母さんが、「この子は大丈夫」と感じていれば、子どもは大丈夫です。

客観的事実よりも、感覚が大切です。

ですから、この本では、第1章に、お母さんから離れる前の、未就園児のことについてお話しさせていただいたんですよ。

あっ、もう間に合わない、って思いましたか？

いえいえ、大丈夫なんですよ。もし、充分に手をかけた、心を向けた、っていう実感がないな、実感が薄いなっていう方は、そこを意識してみたらいいだけです。まだまだ子どもさんの世界のほとんどはお家です。間に合いますよ。

それでは、お母さんの手や目から離れた生活をスタートさせた、園生活に飛び込んだ、子どもたちの「困った」、お話ししていきましょうね。

7 お友だちと遊べない

↓ 一人で遊ぶのは、一人がさみしくないくらい愛情をかけて育てた証拠！

Tくん、もうすぐ4歳の一人っ子のお母さんからご相談がありました。もう半年もたつのに、幼稚園でお友だちと遊ばないんです。お迎えに行くと、たいてい一人で積み木を積んだり、砂場で黙々と遊んだりしているようです。先生に相談したところ、先生が声をかけるとお友だちに交じって遊ぶこともあるそうですが、一人遊びをしていることが多いそうです。「もう少し様子を見ましょうね」と言われたそうです。

「大丈夫でしょうか。私が甘やかしすぎたかもしれません。お友だちと遊べるようになるんでしょうか。心配です」

とおっしゃいます。

そうなんですね、Tくん、大きくなりましたね。幼稚園に通って半年なんですね。毎日、機嫌よく行ってるんですか？

「はい、思ったほどぐずらなくて、ちょっと拍子抜けするぐらいだったんですが、毎日喜んで通ってます」

よかったですね、幼稚園でも、みんなのなかで、一人で遊べてるんですね。

「はい。でも、お友だちと遊ばないんです。大丈夫ですか？」

心配なことは何ですか？

「私は、Tをお友だちと一緒に遊ばせてあげたくて、幼稚園に行ったら、お友だちがたくさんできるから、って思って、でも、ひとりぼっちで砂場で遊んでるのを見たら、いつも一人で遊んでるんだと思ったら、なんだか涙が出てきちゃって……」

そうなんですね。どんな気持ちになったんですか？

「そうですね、なんかかわいそうというか、さみしい、っていうか、そんな気持ちです」

ひとりぼっちで、かわいそう、さみしい、って思ったんですね。お母さん、Ｔくんが幼稚園に通うようになってから、ちょっとさみしいって思うことありますか？

そう聞いたとき、お母さんがはっとしました。

「ああ、さみしいのは私なんですね。ひとりぼっちなのは、私……」

そう言って、お母さんは笑いました。

そうなんです。お母さんがさみしいので、Ｔくんがひとりで遊んでいる姿を見て、さみしそうって感じただけです。

こんなこと、よくあるんですよ。特に**お母さんと子どもの場合、関係が深いので、お互いの感情が投影されてしまいがちです。**

Tくんは、幼稚園に行って一人で遊べるほど、お母さんから離れてもさみしくないぐらいの愛情をかけてもらって育ってきたんですね。

でも、お母さんは、さみしさを感じているんですね。それは恥ずかしいことでもなんでもない、ごく自然な感情なんですが、意外に感じていない人が多いかなと思います。

さて、手を打ちましょうね。しかるべき手を。

Tくんのことは幼稚園の先生にもお話ししてあって、様子を見てもらうことになっています。今のところは、それでいいとしましょう。

お母さんのほうは、どうしましょうか。

1週間以内に、誰かと一緒にランチして、いっぱいしゃべる、という宿題を自分で出して、Tくんのお母さんは、なんだか嬉しそうに帰って行かれました。

Tくんのお母さんは、自分の問題だと気がついて、すぐに切り替えができました。

もし、それができなかったら、子どもの問題を大きく考えすぎて、「お友だちと遊べない子」「集団になじまない子」みたいなレッテルを貼ってしまうことになったかもしれません。

Ｔくんは実際は、**「一人でも機嫌よく遊べる子」なんですが、「かわいそう」「さみしそう」というフィルターを通すと、別の像が見えてきます。**その別の像に対して、「困った子」と評価してしまうことになります。

いったん「困った子」という評価をつけられてしまうと、「困ったこと」ばかりがクローズアップされたり、指摘されることで、子ども自身の自己評価が下がってしまったり、します。

Ｔくんのお母さんのように、愛情深く共感性も高いタイプの人は、その感情がマイナスに働きすぎないように補正をかけていく必要があります。

本当に心配する必要のあることなのか、そうでないのかを見極めていく必要があるということですね。

8

おもちゃや遊具を譲れない

➡ 取り合いを止めるより、そばで一緒に「貸して」「どうぞ」の練習を

では、もう一つの例を見てみましょう。

Jくん、4歳です。少し言葉の発達が遅く、お友だちと遊ぶときにトラブルになってしまうことが多いというご相談でした。

「お友だちに、譲れないんです。おもちゃも、遊具も。ひとり占めしてしまうので、お友だちと一緒に遊べません。公園で知らない子のおもちゃも取ってしまって、叱っても、返そうとしません。取り合いになって相手の子を叩いたり、それを止めるので私もすっごく怒鳴ったり、もう、恥ずかしいので公園に連れて行くのがストレスです」

そうなんですね。お友だちのおもちゃを取って返さない。お母さん、そんなとき、どうしてるんですか？

「無理やり取り上げて、返します。すごく嫌がって泣くんですが、人のものを取ったり、勝手に使ったりしてはいけないですよね。それだけは絶対にダメだって言います。謝らせようと思っても、絶対に謝らないから、私が代わりに謝ります」

Ｊくんは、人のものと自分のものとの区別はできてますか？

「えっ、たぶん分かってます。言って聞かせてますから。でも、人のものでも、いったん自分が遊びたいって思ったら、聞かないです。頑固で、わがままで、私の言うことも全然聞きません。でも、ダメなことはダメなんで、そこは絶対に許しません」

せっかく公園に遊びに行くのに、怒られたり泣いたり、怒鳴ったり、絶対に許さなかったり、それは、タイヘンです。よく相談してくださいました。

お母さん、Ｊくんが遊んでいるとき、どのぐらい離れたところにいますか？　と聞いてみました。

そうすると、けっこう離れているんですね。最初からそばにいるわけではないようです。お友だちとの間で何かもめているようだったら、そばに行って怒るそうです。

どうして最初からそばにいないんですか？

「どうしてって、いつもいつもそばにいなくても、もめたときに行ったらいいかと思って」

でも、いつも、もめるんですよね。だったら、最初からJくんのそばについていたらどうでしょうか。

Jくんの近くで、Jくんの見ているものを一緒に見たら、次の行動が予測できるでしょう？　人のおもちゃに手を伸ばす前に、Jくんが一緒に「貸してね」って、言ってあげられますよね。どうして、もめるのを待つんですか？

「だって、もう4歳なんですよ。そんな赤ちゃんみたいに、親がそばについているって、恥ずかしいですよ。もう4歳なのに」

いえいえ、まだ、4歳です。

ぜんぜん、恥ずかしくないです。

へー
ハッ!!
ちょっと
ギャー
ワーイ
お友達のものを取っちゃダメでしょ
子どもの近くでおしゃべりしよう
そうね

いつも人のものを勝手に取って返さない、トラブルになる、というJくんと、いつもそれを怒り、でも言うことを聞かせられないJくんのお母さん。それを続けるのは、もうやめましょう。やめられます。

お母さんが、そう決めたら、やめられるんですよ。

人のもので遊びたいときに、「貸してね」って言う、言える体験をたくさん積ませてあげてください。もしかしたら、ほかの子どもたちよりも、手がかかることかもしれません。

でも、お母さんが、「人のものを勝手に取ったら、絶対にダメ」ということを教えたいのであれば、どうしたら、人のものを勝手に取らずに、「貸してね」って言って遊べるのかを、体験として繰り返し教えてあげてください。

できたときに、「できたね」「言えたね」ってほめてください。そして、「貸してね」って言える子どもに育ててあげてください。

失敗してから、怒鳴ったり、怒ったりするのではなく、成功するように、サポートしてあげてくださいね。わざわざ子どもが失敗するのを待っていなくていいんですよ。

子どもによって、すぐできる子もいれば、手のかかる子もいます。それはその子の特性です。

年齢に関係なく、手がかかるなら、手をかけていいんです。「もう○歳なのに」は不要です。今が手をかけるときです。

前に登場したＴくんのお母さんは、Ｔくんと心の距離が近すぎでしたが、Ｊくんのお母さんは、距離が遠すぎです。

お母さんと離れた生活をはじめたばかりの子どもたち。心にも身体にも、まだまだ寄り添ってあげる必要があります。

なんだかうまくいかないな、と思ったら、距離が適切かどうか、感じてみてくださいね。

9 落ち着きがない、騒ぐ

⬇「多動」は才能です！ 自律のステップを踏めばいいだけ

「落ち着きがなくて、急にすごく大きな声を出したり、急に走ったりして、困ります」と相談されました。

Yちゃん、5歳です。ちょっと多動の傾向があります。

初めての場所に行ったり、人がたくさんいたりすると興奮して、みんながびっくりするような大声を出したりするそうです。じっとしておいてほしいところでも、なかなかじっとできません。

Yちゃんのお母さんは、「上の二人は、私が怒ったらすぐに静かにしてくれたのに」と話されました。

そうなんですね。Ｙちゃんは、なかなか見どころがありますね。将来、起業したりするタイプかもしれませんよ。

そう言うと、お母さんは、びっくりされました。

Ｙちゃんのお兄ちゃんお姉ちゃんは、お母さんに怒られて、静かにしました。静かにしなくてはいけないことを理解したわけではないのです。ただ、怒られたので自分がしたいこと、やっていることをやめただけです。

言うことを聞く子がよくて、言うことを聞かない子が、悪い子というわけではないんですよ。親にとって、都合がいいか悪いかというだけです。

自分で起業して社長になっている方からお話を聞いていると、小さいころ、お父さんやお母さんの言うことを聞かなかった、と答える方がほとんどです。落ち着きがなく、明らかに多動性があったと思われる方も多いです。

急に大きな声を出して、騒ぐ子ども。

急にテンション上がって、走り回る子ども。

そもそも、子どもって、そういう存在です。

困るのは、誰でしょうか。

そうですね。大人です。

うるさくして周りの人に迷惑をかけることがありますし、走って、ぶつかって、ものを壊したり、人にケガをさせたり、痛い思いをさせたり、危ないです。

子どもも、ぶつかってけがをしたら、痛いですね。でも、ぶつかるまでは、転ぶまでは、痛くありません。つまり、ぶつからないかぎり、転ばないかぎり、子どもは困りません。

子どもには、先を読む力がありませんから、走り回ってぶつかって、転んで、痛い目にあう、という経験を積むことによって、「走り回ると痛い目にあうことがある」という学習をするわけです。

大きな声を出したり、騒いだり、はしゃいだり、走り回ったり。そのこと自体は、何ら困ったことではないことは理解できると思います。

むしろ、**大きな声を出せること、力いっぱい走り回れることは、エネルギーが高くて、元気があって、活発で、行動力があって、素晴らしいことです。**

ただ、その力を出すときとところを選び、コントロールすることが必要なだけですね。


大人にとってあまりにも当たり前のこと、公共の場所、たとえば病院や図書館、電車の中では静かにふるまわなくてはいけない、ということも、子どもには当たり前ではありません。

動き回りたい衝動をおさえて、静かにふるまうということも、訓練なしにできることではありません。

私たち大人だって、生まれたときからできたわけではありませんね。

怒られるから静かにする、という「いい子」ではなく、自律的に静かにできるようになるには、ステップがあります。

・静かにふるまわなくてはいけない場所があるということを理解させ、
・安全な場所で、静かにふるまうことができるように練習し、
・実際の状況でもそれができるように訓練する。

こうやって書いてみると、けっこう難しいステップだと思いませんか？これをやらずに、言い聞かせるだけでできるようになる、と思っていませんか。できなかったら、怒って言うことを聞かせればいい、と思っていませんか。

かく言う私も、多動でした。だから、じっとできない子どもの気持ちがよく分かります。いえ、気持ちではなくて、身体が思うように動かせないことがよく分かるんです。じっとしろ、と言われても、どうするのが「じっと」なのか、理解できないから身体が反応しないのです。

「手をおひざの上に置いて、イスにこんなふうに座って、足の裏を床につけて」と、実際に身体を動かしてもらいながら説明してもらわないと、「じっと」できないんです。

何度も何度も、繰り返して、「じっと」の姿勢を身体で覚えさせてくれた、小学校の先生に感謝です。

「どうして静かにしないの！」とか、

「何回言われたら分かるの！」とか、
怒らなくても、いいんですよ。何度も何度も訓練したら、いいんです。

そして、静かにする場所に来たら、どうするのかを思い出させれば、いいのです。

できれば、事前に、伝えておくといいですね。

もし訓練通りにできなくても、怒らないでくださいね。いずれ必ずできるようになります。できるようになるまで、訓練してあげましょう。

10 わがまま、欲しい欲しい攻撃

「自己主張が強い」という長所を認めることからはじめよう

Kちゃんのお母さんからの相談です。

「とにかく、何でも取っておこうとするんです。飴《あめ》の包み紙とか、捨てようね、と言っても嫌がって、家じゅう、モノだらけになってしまいます。

それから、欲しいものがあると、ものすごく執着します。買わないと約束して買い物に連れて行っても、欲しいものを見つけると、欲しい欲しいの連発です。なんとかがまんさせて家に帰っても、また思い出しては買って買ってと言い続けます。こんなに物欲が強くて、どうなんでしょうか？」

「家じゅうモノだらけ」や、「買って買って攻撃」、本当に困りますよね。

このお母さんは理性的な方で、Kちゃんの主張に対して、感情的にならずに上手に対応されています。でも、私には、「物欲が強い」という言葉が印象に残ったので、聞いてみました。


「物欲が強い」と何かまずいですか？

「え、物欲が強いのはよくないですよね」

どうして物欲が強いとよくないとお考えですか？

「どうしてって、考えたことないですけど、当然のことですよね。モノに対する執着も強くて、わがままが通らないと周りに迷惑をかけたりすると思うんです。だから、子どものうちに何とか直しておかないと、と思ってるんですが」

物欲のない子どもって、どうなんでしょうか。お坊さんみたいですよね。

この子、Kちゃんは、エネルギーの高い、はっきり自己主張のできる女の子です。

私は、Kちゃんの「こうしたい」っていう自己主張の強いところや、欲しいもの、好きなものが明確に言えるところが、素晴らしいと思っています。

「物欲が強い」「わがまま」のように、悪いイメージのレッテルを貼ってしまっては、Kちゃんのいいところが出せなくなってしまうんじゃないかと思うんですよ。


「いいところなんですね？」

お母さんは、聞き返されました。

はい。いいところです。

すぐ人に流されたり、自分の意見をはっきり言えない若者が増えている現代においては、「自分はこれが欲しい」と明確に主張できることは、「いいところ」です。進学したり就職したりするうえで存在感を放つでしょうし、エネルギーの高いこともリーダーシップを発揮するときに役立つでしょうね。


飴の包み紙って、大人にとっては単なるゴミかもしれませんが、Kちゃんにとっては、きっとそれ以上の価値のあるものなんでしょうね。

プラレールが欲しい！
トーマスが欲しい！
新幹線の
なんて強欲なの……
いえいえ自分の意志を伝えるって素晴らしいこと!!
○○が欲しい
キッパリ
欲しいって言えてえらいねー
でもこの前買ったから今度ね
うん

好きなものや欲しいものがあるって、素敵なことだと思います。それを欲しいって言えることも、素敵なことだと思います。

いいえ、Kちゃんの要求をすべて飲まなくてもいいんですよ。今まで通り、きちんと約束をして、「今日は買わない」と決めたら、買わないようにして、いいんです。まだ小さいですから、周りに迷惑をかけないように主張する方法についても、少しずつ教えていったらいいですね。

でも、Kちゃんは素晴らしい個性を持った子です。その個性を、どうかつぶさないでほしいです。

「欲しいものが欲しいってちゃんと言えてえらいね。でも、今日は約束したから、買わないよ」って、言ってあげてくださいね。

お母さんと違う価値観を持ったKちゃん。きっと大きくなったら、お母さんを助けてくれる存在になりますよ。

11 モノを投げる、すぐ壊す

➡「モノを大事にしてほしい」とは反対のメッセージを送っていませんか？

「私が気にしすぎなんじゃないかとは思うんですが」とCくんのお母さんからのご相談です。

Cくん、乱暴で、おもちゃを投げたり、雑に扱うので、すぐに壊してしまうそうです。

おもちゃだけではありません。食器も、よく落とします。わざと落としてるように思えるぐらいだそうです。絵本や漫画も大事にしないから破れますし、折り紙やお絵描きも、うまくいかないと途中でかんしゃくを起こして、ぐちゃぐちゃにしてしまうそうです。

「Cのそんな様子を見ると、自分の子育てがまずかったのか、とか、いや、子どもだから、こんなものかもしれないと思いながら、もしかしたら情緒が不安定なんじゃないかとか、不安です」


おもちゃを投げたら、危ないですね、どうしてるんですか？

とお聞きしました。

「投げたらダメって、叱ることもあるんですが、あんまり言っても、ますますかんしゃくが起きるので、もうそのままスルーです」

スルーですか。おもちゃや食器は壊れてケガしないですか？

「食器は、どうせ落としたり投げたりするんで、壊れないプラスチックのにしてます。そのほうが腹も立ちませんし。おもちゃは、壊れても本人のものなんで」

ああ、大切にしないでいいって思ってますか？

「とんでもない。大切にしてほしいです」

そうなんですね、お母さんの願いが伝わっていない可能性がありますね。

「大事にしなきゃダメよ、と言ってるんですけど、伝わってないんですかね」

そうですね、言葉よりももっとストレートに伝わるものがあるんですよ。落としたり投げたりすることを前提としている食器、壊れてもなんともないおもちゃ。お母さんが、その食器やおもちゃを、どう考えているのか、どう扱っているのかが、伝わっているんです。お母さんがやっている通り、お母さんが本心で考えている通りに、子どもはやっているだけです。

お母さんも、心の深いところで、「何か変だ」と気づいていますね。単にものの扱い方が乱暴なだけではないかもしれない、と。

子どもは、身体の動かし方が未熟ですから、大事なものでも乱暴に扱ったり、手がすべって落としてしまったり、投げたら壊れるかもしれないものも投げてしまったりすることがあります。

感情をことばで表現するだけの力もありませんから、悔しい気持ちをモノを投げることで表現したり、発散したりすることもあります。

だからといって、**もうこの子は投げる子だから、乱暴な子だから、どうせ落とすから、不器用だから、と決めつけるのは、早すぎです。**

子どもは日々成長しています。今日できないことが、明日はできるようになります。

落としても壊れないプラスチックの食器は便利ですが、大切に扱おうという意識は持てません。

ガチャガチャぶつけても、壊れないですから、繊細に扱うとか、どうしたら壊れないように運べるかとか、学ぶことができません。

プラスチックの食器が悪いというわけではないんですよ。でも、ちゃんとした陶磁器の食器を使わせたほうが、ていねいに食器を扱う練習になるでしょうね。

Cくんもそろそろ、大人の食器と同じものにステップアップする時期なのかもしれません。

うっかり壊してしまうかもしれませんが、それでも、思いきって勇気を出して、壊れるかもしれないものを、壊さないように大切に使う機会にしてみましょう。

ヤダ
ヤダ
もう勝手にして!!
どうせプラスチックだから割れないし
でもこれでいいのかな
私の心もささくれる
だんだん気持ちがすさんでくるよ……
今日からこれを使おう
割れたらかわいそうだから
大事にしようね
私も大事にしよう
うん
コトッ

そして、**ものの扱い方と、人に対する扱い方は連動しています。Cくん、お母さんにもっと大切に扱ってほしい、お母さんの大切な存在になりたいと、心の深いところで願っているかもしれません**ね。

お母さんも、「自分のことも、人のことも、大切に扱う」って、意識してみる機会になるといいですね。

12 一人でぶつぶつ話す

➡「変な子」のレッテルはNG。言うことを否定しないで聞いてあげる

変なことばを使うんです、とこっそり教えてくださったお母さんがいます。Rくん、4歳のお母さんです。よく聞いてみたところ、園児によくある、「うんこ」とか、「ちんこ」とか、そういうことばでもないんですね。

お母さんにもよく聞き取れてはいないんですが、どうやら、日本語では、ないようです。

「どうしましょう」と聞かれました。

誰と話しているんですか？　と聞いてみました。

「見えない人と、話しているみたいなんです」

すごいですね、見えない人と、話せるんですね。お母さん、分かるんですね。

「そんなことって、あるんでしょうか？」

子ども時代には、よくあるみたいですよ、とお話しすると、お母さんは、大きくうなずかれました。


「実は、私も、子どものころ、見えない人が見えた記憶がうっすらあります。Rにも、見えてるんですね。

どうしたら、いいんでしょうか？　変なことにならないですか？」

どうもしなくて、いいですよ。変なことには、なりません。お母さんだって、変なことになってないでしょう？　ほとんどは、子ども時代が過ぎると見えなくなってしまいます。見えない人と話すよりも、見えている人との関わりが強くなるからです。

自分には見えないのに、Rくんの言うことを否定しないで聞いてあげられて、お母さん、素晴らしいですね。

実はこういうご相談、最近増えています。子どもさんのご相談もあれば、大人のご相談もあります。かつてだったら、「精神病」に分類されることもあったかもしれませんが、現代では、そんな偏見も必要ありませんね。

20世紀が物質全盛の時代だったのに対して、21世紀はスピリチュアルな時代、精神性の時代、霊性の時代と言われています。物質という目に見えるものではなく、目に見えないものの価値が評価される時代です。これから22世紀にかけて、その傾向はますます進むと考えられています。

インスピレーションが降りてくる、とか、普通に聞くようになってきましたね。かつては、霊能力者のような特殊な人だけが受け取ることのできた特殊な体験でした。

Rくん、少し霊的な力があるようです。そんな力を持つ子どもも、増えてきているかもしれません。変な子だと否定せず、でも特別な力だというふうに持ち上げすぎず、接してくださいね。そして、霊的な力だけに頼るのでなく、この世的な努力、お友だちと仲良くするとか、お手伝いとか、運動とか勉強とか、そういうものを大事にするように教えてあげてください。霊的な力と、この世的な力、そのバランスが大切です。

心理学的に説明すると、「イマジナリーフレンド」と呼ばれるものに当たります。想像上の友だち、といった意味です。想像上のといっても、その子どもにとってはリアルな人間と同じように、リアルな存在です。話しかけ、一緒に遊び、一緒に眠ったりもします。

その子どもの精神的な安定のために必要なもので、多くは、子どもの成長とともになくなっていくとされています。

日本ではあまりなじみがないかもしれませんが、欧米では数多く報告されています。

いずれにしても、親にとっては「見えない」ものであることなんですが、それを否定しても始まりません。

「変な子」とか「変なことを言う」とか、レッテルを貼らずに、見守ってあげてほしいです。

第3章

小学校低学年編

——小3までのセルフイメージが将来を決める!

勉強、交友関係のトラブル…家庭だからできること

さて、小学校に入学した子どもの「困った」です。小学校入学って、おめでたいことなんですが、「困った」は、一段と増えてきます。

一つには、子どもたちの生活に、「勉強」が入ってくるからです。

勉強をどう位置付けていくのか、家庭の役割はどうなのか、いろいろな例を見ながら、考えていく機会にしていただければと思います。

もう一つは、子どもたちの交友関係です。年齢が上がれば上がるほど、複雑になっていく友だち関係、コミュニケーション能力の高くない子どもたちですから、トラブルもつきものです。どう考えていくと道が拓けるのか、一緒に考えていきましょう。

13 宿題に時間がかかる、勉強が苦手

↓「きちんと」させなくていい！ コツコツできる能力に注目を

宿題に関するご相談、勉強に関するご相談は、本当に多いです。

宿題を一人でしないんです。
ひらがなが（カタカナが、漢字が）ちゃんと書けません。
計算が遅くて、間違いも多いです。
テストの成績が悪いです。
これらは、全部、子どもの「困った」です。
お父さんやお母さんが困る必要はありません。とお伝えしても、

「学校の先生から、させてください、と言われるんです。ちゃんと見てやってください、チェックしてやってください、と言われます。それでもしなくていいんですか？」

そんなふうに、口をそろえて、おっしゃいます。

見てあげて、いいです。でも、ダメ出しは不要です。その理由をお話ししますね。

勉強は必要なものですし、勉強の習慣は身につけておいたほうがいいと思います。ですが、お父さん、お母さんには、毎日の宿題を「きちんと」させなくてはいけないと思いすぎないでほしいのです。お父さんやお母さんは教育のプロではありません。だから、宿題の中身まで、あんまり「きちんと」させようとしないでほしいのです。**「きちんと」させようとすると、子どもが自分から宿題を始めたとか、とにかく宿題に取り組んだ、とかよりも、宿題の中身、宿題のできのほうに意識が向いてしまいます。**

お父さんやお母さんが「先生」みたいになって、学校でもお家でも、「こうしなきゃ」「できてないよ」って言われて、子どもたちの心の休まるときがなくなってしまうのです。

勉強というのは、できたりできなかったりするものです。できたらマルで、できなかったらバツという評価は、学校での評価です。

お家では、学校での評価とは違う評価をしてほしいなと思います。

ある男性から、こんな話を聞いたことがあります。

男性は、小学校のときに学習の遅れがあって、特に字を書いたり計算をしたりするのが苦手だったそうなのですが、２年生のとき、お父さんの友だちが担任の先生になったことから、悲劇が始まります。

お父さんもお母さんも、その担任の先生に、男性が学習の遅れがあることをバカにされないようにと、家で厳しく勉強をさせました。叩かれたり、「バカだ」「のろまだ」という言葉を浴びせられました。「お父さんが恥をかくんだぞ」と言われ、毎日見張られて宿題をしていたそうです。

男性には、**自分が「バカ」で「のろま」だという、セルフイメージが刷り込まれて**

しまいました。中学校、高校でも、成績は振るいません。鉛筆を持つと、怒鳴り声がするんじゃないか、たたかれるんじゃないかと、体が緊張してしまいます。勉強しないから試験の成績も悪い。先生に質問もできません。

大人になり、勉強に自信のない男性は、知的な要求をされにくい肉体労働を選んで仕事をしていました。トラックの運転手をしているときに、上司の勧めもあって、一念発起して運行管理者という資格を取ろうと決めて、勉強することにしました。20年ぶりくらいです。仕事の合間をぬって、コツコツ半年かけて独学で勉強したところ、意外によく覚えられるのです。いつの間にか問題集を解くのが楽しくなって、本人もびっくりしたことに、5倍以上の倍率の資格試験に一発合格してしまいました。

その男性は、**じっくり時間をかけて物事に取り組むタイプで、納得しないと先へ進めません。しかしコツコツ積み重ねる能力が高いのです。**

子ども時代には、ほかの子どもたちのように素早く問題を解いたり、気の利いたことを答えたりはできなかったのでしょう。ですが、もし怒られたり、あせらされたり、

ノロマ
頭が悪いね
遅い
グスン
バカだね
ボクってダメな子
なのかな……
でもゆっくり
やるのは楽しいんだ
うん！

変に圧力をかけられることなく、温かく見守ってくれる家庭だったなら、もっと能力を伸ばせたのではないかなと感じずにはいられません。

この男性のようにひどくはなくても、家庭で子どもたちにある種の「呪《のろ》い」がかけられてしまうのを、どうにかしたいと私は考えています。

勉強に関する「呪い」です。勉強に関する人格否定です。子どものころ、自分が言われたり、聞いたりしたことがそのまま口から出る「呪い」のことばです。

「勉強ができない」

「頭が悪い」

「バカだ」

「成績が悪い」

それって、家庭で言わなくてもいいことじゃないですか？　そんな「呪い」をかけられて、勉強ができるようになるはずがありません。勉強したくなるはずもありませんね。

「計算が遅い・間違いが多い」
「字が汚い・漢字が正確に書けていない」
「宿題をするのが遅い」
「テストでケアレスミスをする」

それは事実かもしれませんが、そんなことで、子どもたちを責めないでくださいね。

学校では、字が汚かったら、直されます。計算が違っていたら、バツがつきます。それは、教育のプロが、子どもの能力をあげるために、仕事としてやってくれることです。お家では、それを指摘しなくてもいいんです。

家庭で指摘してほしいことは、あなたの子どもが、ちょっとでも字をきれいに書こうとがんばっていることや、一生懸命に計算に取り組んでいることや、宿題をやろうと机に向かっていること、実際には机に向かってなくても、やろうかな、やらなきゃな、と考えている、その行動や、動機の部分です。

もし、字が汚かったら、字が汚いことを指摘するんじゃなくて、「きれいに（かっこよく）書こうとしてるね」とか、「ここ、きれいに書けているね」とか、いいところを見つけてあげてください。

「字が汚い」って言っても、何の役にも立ちません。

「こんなふうに紙を押さえたら、きれいに書けるよ」とか、「今みたいに姿勢をまっすぐして書くと、字がそろってかっこいいね」とか、そんな、役に立つことを言ってあげてくださいね。

小学校に通っている今現在、お父さんやお母さんが子どもに口うるさく言って、宿題が「きちんと」できたということは、残念ながらたいした価値のあることではありません。

子どもがいずれ本当に勉強したい、成績を上げたい、そう志すときに、変な「呪い」に邪魔をされずに、子ども本来の力を発揮できること、それが真に重要なことです。

14 片づけできない、モノをなくす

「あれがない」は「助けて」のサイン。一緒に探し物をする貴重なチャンス！

片づけ問題。お母さんからだけでなく、お父さんからのご相談も多く聞きます。お母さんも仕事をフルタイムでされている場合、家全体の片づけが間に合わなくて、どうにもこうにも、というご相談です。

せめて、子どもたちがそれぞれの部屋、それぞれの持ち物だけでも、自分で管理できるようにならないか、ということですね。

私も、片づけが得意なほうではありません。片づけの得意な方に教えていただいたのは、ものが多すぎることが、ほとんどの原因だということでした。ものを管理できる量にまで減らすことが最初の関門のようです。

ものを減らすことができたら、ものの置き場所を決めるといい、と教えてもらいました。

そんな話をしていると、あるお母さんが、おっしゃいました。

「うちの子も、片づけが下手で、いつもいつも、あれがない、これがないって、言ってるんです。それを聞くとイライラしてしまって、片づけないあなたが悪いんでしょ、って言ってしまうんです。私も、きちんと一緒に片づけてあげたりというゆとりもなくて、ほったらかしなのもいけないんですけど、忙しくて時間のないときにかぎって、『お母さん、あれがない』とか言ってくるの、どうにかできませんかね」

どんなチャンスにできそうですか?

と聞いてみました。

いつも私の講座に来てくださっているお母さんです。私がすぐに答えを言ってしまったら、面白くないだろうと思って、質問を返してみました。

「うわーっ、そう来ましたか」

と頭を抱えながらも、じっくりと答えを探していらっしゃいます。

そして、

『あれがない』と子どもが言ってきたら、一緒に探すことにします。

私、忙しいのを理由にしてました。

忙しくても、一緒に探してやります。そうします」

素晴らしいです。それがいいです。

このお子さんにとって、「あれがない」というのは、「お母さん、助けて」というサインです。そのサインを見逃さないということが大事なことです。

もちろん、時間を取って片づけを一緒にしたり、自分で片づけられるように援助したりすることも、必要なことです。ものを減らし、整理し、置き場所を決めるのも、やったらいいと思います。

でも、重要度としては、**お母さんは自分が困っているときに、自分を優先してくれる、と子どもに思ってもらうことが上です。**

どんなに忙しいときも、ほかのどんな用事よりも、自分のことを優先してくれるんだと確認することが、この子どもさんにとって、今、必要なことだと思います。

このちょっとしたサインを見逃してしまうと、次にもっと見逃せないような出来事が起こります。それは、子どもの病気であったり、事故であったり、あるいは、非行や不登校だったりします。

子どもの「助けて」のサイン、見逃さないようにしましょうね。

15 ゲームばかりする

↓ 「ゲームをさせない」から、「家族の時間を大切にする」に転換してみよう

「ゲームばかりして困ります。

ゲームばかりして、大丈夫でしょうか」

この相談もここ20年ぐらいずっと続いています。特に最近は、小学生からスマホを持っている子どもさんも多く、四六時中ゲームができる環境になっています。

ゲーム依存、ネット依存も小学生からすでになっている数が増えている、というデータも出ていますね。

端的に言えば、自己管理能力の低い子どもに、ゲーム機やスマホを持たせてしまった、親の責任です。おいしいお菓子をあげておいて、食べるな、と言っているのと同

じですね。

本当に、困っているのでしょうか。

本当に困っているのだったら、ゲーム機を取り上げたらいいだけです。小学校の低学年であれば、親が取り上げる、という手段もアリです。

そこまでする必要はない、とか、かわいそう、と思っているのだったら、本当には、困っていないのだ、ということですね。

実際のところ、スマホ依存、ネット依存、ゲーム依存が、子どもたちの生涯にわたってどんな影響を及ぼしていくのかは、まだ分かっていません。なんとなく、大丈夫じゃなさそうだ、ということが予測されるだけです。

ゲームばかりするということ自体が、困ったことではないかもしれません。

お父さん、お母さんが、本当に、「困った」と感じているのは、どういうことでしょうか。

ゲームばかりで、宿題しない、宿題する時間がない、ということでしょうか。

本を読む時間がない、睡眠時間が少なくなる、ということですか。

ゲームばかりで、お手伝いしない、ということでしょうか。

ゲームばかりで、外に遊びに行かない、身体を動かさない、ということでしょうか。

ゲームばかりで、人と関わらない、家族とのコミュニケーションが少なくなるということでしょうか。

ゲームばかりで、人として生きる、人生の経験を積む、その機会を失うということでしょうか。


わあっ、それが、もし本当なら、それは、「困った」ことかもしれませんね。

ゲームをするかしないか、ということに焦点を当てるのではなくて、お父さん、お母さんが望んでいることを明確にして伝えましょう。

子どもの生活を、健康で安全で、愛情豊かで、幸せであるように、守ってあげるのが、親の仕事です。

ウチは、ゲーム機、長男が小学校に入ったときくらいから、導入しています。でも、生活時間帯とみんなで守る決まりがはっきりしているので、子どもがゲーム機で遊べる時間は、学校から帰ってから、夕ご飯までになります。

夕方、お父さんが仕事を終えて帰ってきて、家族で一緒に過ごす時間は、最大で2時間くらいです。ゲーム機を使うひまはありません。みんなでご飯を食べたり、お茶碗を洗ったり、一緒にお風呂に入ったり、リビングでくつろいだり、洗濯物を一緒にたたんだり、今日の出来事を話したり、本を読んだりしなくてはいけませんから、ゲームしている時間はないんです。少なくとも、小学生ぐらいまでは、そうやって家族の時間を大切にするように決めていました。

ゲームをしない、ゲームさせない、と決めたわけではありません。家族の時間、子どもの健康、それを大切にする、と決めていただけです。

もちろん、子どもの成長に沿って、中学生ぐらいになったら、夕食後の時間もそれぞれ自分で管理するようになっていきます。そのなかで、ゲームももちろんやっていたと思います。ゲームしたから勉強ができなくなる、とか、〝コミュ障〟になるとか、

何もしないで
イライラするのは
やめて
またゲームやってる!!
イライラ
家族の時間を
増やしたら
お皿洗ったら
洗濯物たたみ競走しよう
ゲームの時間が
減りました
ボクできたよ
スゴい

そんなのは嘘です。それはゲーム以前の問題かもしれません。

あなたが、大切にしたいものは、なんですか？
あなたの家庭で、大切にしたいことは、なんですか？
それを考えたり、話したりする、機会です。

ゲームばかりする子どもに育っているのは、なぜでしょう。もしかしたら、家族で過ごすことが楽しくなくなっているのかもしれません。
お父さんやお母さん、きょうだいと、どんな会話ができれば、楽しいでしょう。どんな時間を過ごせば、本当に満足でしょう。

子どもと一緒に過ごせる時間、それは永遠には続きません。その時間をどう使うか、もう一度見直すチャンスを、子どもさんがくれているのかもしれませんね。

16 みんなと違う行動をする、協調性がない

↓「人と違うことをする」のは、変化の時代に対応できる素晴らしい力

「みんなと違う行動をするんです。いいんでしょうか？」と聞かれました。Aくん、2年生です。

具体的には？

「みんなが校庭でドッジボールや鬼ごっこをしているときに、一人で黙々と泥団子《どろだんご》を作ってるみたいです。教室でも、一人で折り紙を折ったり、粘土をこねたりしてるそうです」

ああ、休み時間の過ごし方ですね。やりたいことがあるってことですよね、いいじ

ゃないですか！　素晴らしいですよ！！
お母さんの顔が、ぱっと明るくなりました。
「そうですよね、私もいいんじゃないかと思ってました。先生から気をつけるように
と言われたんですが、じゃあ、大丈夫なんですね？」
全然、問題ありません。みんなと違うことをすることで迷惑をかけたり、本人が困
ったりしているのなら別ですが、違っていること自体は、問題ありません。
Aくん、友だちと遊ぶよりも、何かに集中することのほうが楽しいんです。特に手
や指先を使って細かい作業をすることが、楽しくて仕方ないらしいです。

日本では、長い間、「みんなと同じ」ということが重要視されてきました。
**「みんなと同じ」だと安心で、そうでなければ変だ、というレッテルを貼られがちで
す。協調性がないとか、空気を読まないとか、目立ちたがりとか、そんなレッテルで
す。**
みんなと同じかどうか、そういう基準で判断している人もまだまだ多いでしょう。

みんなと行動が
違うので心配です…
コネ
コネ
やりたいことが
あって
素晴らしい!!
コネ
コネ

でも、これからの未来は、「みんなと同じ」ことをしていたのでは、変化に対応できないことが予測されます。みんながどうしているかを見てからでないと変化できない。それでは、どうしても対応が遅れてしまいます。

何よりいちばんの問題は、「自分が何を望んでいるのか」を基準にせず、「ほかの人」「多くの人」という他人基準で生きていることです。

ほかの人なんて、あてになりません。「多くの人」の選択はよく間違っています。正しいことを選択できる人のほうが、少数だからです。

ほかの人がやっているから、という理由で判断したり、行動したりする人は、うまくいっても満足感がありません。失敗したら、人のせいにします。幸福感を感じにくい生き方です。

みんなと違っていることに、罪悪感や劣等感を感じる必要はありません。自分が本当にやりたいことをやっているほうが、ずっとずっと充実した時間の使い方ができますよね。

このＡくんは、中学生になってからギターと出会い、毎日、毎日、何時間も練習して、10代のうちにニューヨークに修業へ行きました。

「指の力が強くて、しかも感覚が繊細だから、ギターを弾くのに向いてるみたいなんです」とお母さん、おっしゃってました。

泥団子や粘土に熱中したことも、無駄になってないですね。ニューヨークへ行くお金も、バイトして自分で貯めたんですよ。あのとき、「みんなとドッジボールしたら」とか言わなくて、本当によかったですね。

Ａくん、素晴らしい！

Ａくんのお母さんも、素晴らしい！

みんなと違うって、素晴らしい！

17 読む・書くスピードが遅い

↓「遅い子」のレッテルを貼る前に、「どうしたらいいか」専門家に相談を

「本を読むのが遅い、字を書くのが遅い、きれいに書けない」というご相談もあります。

字を書くのに、すごく時間がかかる、と言われていたKちゃんは、実は、目に問題があることが分かりました。黒板など、遠くにあるものには焦点が合うのに、手元にあるものには焦点を合わせるのが難しいという症状です。

遠視とも違い、時間をかければ焦点が合うので、見えないわけではありません。どんなふうに見えているかなんて、周りの人からは分からないです。本人も、どう見え

るのが普通なのか分からないので、自分の見え方を説明することもできません。
でも、お母さんが、早い時期に気がついてくださったので、今ではきちんと調整された眼鏡をかけて楽しく授業を受けています。

お母さんは、おっしゃいます。
「Ｋは、一生懸命やろうとしているし、決して頭も悪くないと思うんです。人の話を聞いて理解する力もあるし、お話も上手です。ただ、読むのと書くのだけが異常に遅い。おかしいな、と思って、この子の様子をずっと観察したんです。そうしたら、黒板や遠くにある看板はすぐに読めている。本やプリントは、読むのに時間がかかっている、と気がつきました」

お母さんの観察力、素晴らしいです。Ｋちゃんのような視力の問題は、普通の視力検査では見つけることができません。遠くは見えているので、まさか、近くが見えにくいなんて、思わないです。でも、お母さんは、「困った子」としてＫちゃんを見ませんでした。

Kちゃんの「困ってること」は何だろう、と、どんなふうに「困ってる」んだろう、と関心を持ってKちゃんを見続けたんですね。だから、Kちゃんの「困ってること」を見つけることができたんだと思います。

お母さんが、子どもさんの一番の味方であることが、大事なことなんだ、と感じさせてもらった経験でした。

本を読むのが遅かったり、字を書くのが遅かったりすることには、原因があります。Kちゃんのように身体的な問題がある場合もありますし、理解が遅かったり、集中力が続かなかったりする場合もあります。鉛筆を持つ力が弱いとか、姿勢を保つ力が弱い、という理由のこともあるんですよ。

単純に「遅い子」「ダメな子」というレッテルを貼らず、どうしたら速く読めるようになるのか、書けるようになるのか、原因を見極めてサポートしていく必要があるのです。

宿題、勉強の項目でお伝えした通り、子どもの勉強については学校の領域です。自治体によって、また学校によって違いますが、遅れのある子どもたちを支援する体制があります。ぜひ、プロに相談してみてください。

そして、子どもさんと一緒に過ごしてきた時間は、お父さん、お母さんが圧倒的に長いです。そして、子どもさんにかける愛情も、圧倒的に深いです。ご家庭でのサポートがあれば、もっと救われる子どもたちがいるはずです。

18 いじわるをする、いじめる

↓「ダメ！」と叱るより、「なぜ、したのか」と気持ちを聞こう

学校へ通いだすと、親や先生の目が届かない場面が増えてきます。

Mくんのお母さんから、ご相談です。Mくん、クラスで友だちにいじわるをしているそうなんです。その子は学校に行きたくないと言っているそうです。先生からその話を聞いて、Mくんのお母さんは青ざめました。

「自分の子がいじめられるかも、と思ったことはあっても、まさか、いじめる側になるなんて。どうしましょう。何がいけなかったんでしょう？」

集団生活をするなかで、いじめられたり、いじめたり、どちらもあり得ることです。あわてなくていいんですよ。どんな状況ですか？

Mくんは、ほかの友だちと一緒に、ある特定の子の持ち物を取ったり（すぐに返したそうです）、ふざけて悪口を言ったり、遊ぶときに入れてあげなかったり、したそうです。

その子のお母さんが、学校に相談をしてきて、発覚しました。

ギリギリ、いじわるといじめの境目ぐらいかなと、思いますが、集団でやっていることと、その特定の子が学校に行きたくないと言っていることから、いじめと判断するのが妥当なようです。

Mくん、どうして、そんなことをしたのか、聞きましたか？

「はい、もちろん、そんなことをしてはダメだと厳しく叱りました。主人にもきつく言ってもらいました。二度といじめをしないように約束しました。

あっいいえ、どうしてか、ですね。いえ、どうしてそんなことをしたんでしょう。分からないです。聞いてないです」

どんなことをするのにも、理由があります。子どもにだって、理由があるんですね。

聞いてあげたほうがいいですよ、でないと、またやります。

「え！　またやるんですか？」

はい。確実に、またやります。

先生やお父さんお母さんに怒られたから、もうやらない、と考えるのは、甘いです。しばらくしたら、またやります。今度やるときは、怒られないように、見つからないように、工夫します。そうやって、いじめはエスカレートしていくんです。


少し解説しますね。

嫌な話ですが、いじめをすると楽しいんです。

自分がやったことで、誰かが困ったり泣いたりすると、うれしくなるんです。人を困らせてうれしいなんて、悪魔みたいな感情です。でも、確かに、人間の持っている感情のなかに、あります。

それから、いじめ仲間との間に、連帯感が生まれます。もちろん悪いことをしているという自覚があるんですよ。だから、秘密を共有しているという連帯感です。

先生や親に見つかったら困るから、お互いに監視しあう、というパワーバランスも働きます。いったんこの仲間になったら、自分だけ抜けるというのは難しいです。外れると自分がいじめられる側になるという恐怖心もあります。

この連帯感を強めるために、いじめを繰り返すのです。暴力団やそのほかの犯罪組織と同じ原理です。

まだ小学生なのに、と驚きましたか。

人間が集団で生活するところでは、集団ならではの力が働きます。いいにしろ、悪いにしろ、その力の影響を受けずに集団に属することはできません。

だから、知っておいてほしいです。

特に、小学生のようにまだまだ幼稚で判断力もない子どもたちには、大人が正しい善悪の規範意識を持って、しっかり指導して、正しいほうへ集団を導いていく必要があります。

まだ小学生なのに、ではなくて、小学生だから、「いじめって楽しい」を知ってしまうと、その楽しいを繰り返してしまうのです。自制心が働かないからです。

子どもだから、天使のような心を持っているはず、というのは、認識が間違っています。

子どもだから、善悪の価値基準も持っていません。**いいか悪いかより、楽しいかそうでないか、で行動します。**天使のようにも、悪魔のようにもなり得るのです。大人は子どもに対して、変な幻想を持つのはやめましょう。そして、善悪の価値基準を教えましょう。

いじめ、ふざけ、いじわる、遊びの境界線は、引くのが難しいです。やってみないと、相手が嫌がるかどうかは分からないこともあるでしょう。相手が嫌がったら、やめる、というルールを決めておく必要がありますね。

「どうしたら、いいんでしょうか？　うちの子、ずっといじめを繰り返してしまうんですか？」

大丈夫です。

どうしていじめをしたのか、どんな気持ちだったか、聞いてあげてください。

二度といじめはしない、という約束を守るために、何をするか聞いてください。

怒らなくていいです。でも、たくさん話をしてください。

Mくんがいじめをしたと聞いて、お母さんがどんな気持ちになったか、Mくんが生まれたときはどんな様子だったか。Mくんをどんな気持ちで育てているのか、話してください。

Mくんがいじめられたら、どんなに悲しいか、Mくんが仲間外れになったら、どんなにつらいか、お母さんの気持ちを話してください。どのお母さんも、そんな気持ちで子どもを育ててるんだということを話してください。

Mくんがいじめをしないという約束を守れるように、お母さんはいつもMくんを見ているよ、と伝えてください。

そして、実際に、Mくんの様子を見ていて、ときどき話をしてください。いじめについての話です。Mくんがやってしまったことは、なかったことにはなりません。お母さんもMくんも、見たくないでしょうが、けっしてうやむやにしてしまってはいけません。

そして、二度といじめをしないという、Mくんの約束が果たせるように、ずっとずっと見守っていきましょう。

第4章

小学校高学年編

——自分を応援してくれる親がいるから安心してがんばれる

19

好きなことがない、目標が持てない

↓
「何もしてない」と焦らなくて大丈夫。今は「パワーをためている」だけ

小学校の高学年くらいになると、一生懸命スポーツをやる子、そろそろ中学受験の準備に入る子、地域のサークルに入って活動している子、習い事に取り組んでいる子、そんな子の話を耳にし始めると思います。

そして、ウチの子、何もない、何も目標がない、毎日だらだらしている、と焦るお母さんからの相談も来始めます。

小学校の高学年というのは、微妙な時期です。大人と子どもとの堺目の時期で、大人びたことを言うようになったと思ったら、急に子どもっぽいふるまいをしたりして、親も混乱することが多くなります。

「何もしなくて、いいんでしょうか？」

「何かさせたほうが、いいんでしょうか？」

「中学受験って、どうなんでしょうか？」

そんなご相談が来るのは、この子どもの不安定な時期と重なっています。

「あれ、子どもの不安定さに、お母さんが影響されている、ということですか？」

そうです。どちらに向かって進んでいけばいいのか。目標だったり、道を見つけられない子どもと一緒に、お母さんが揺れているのです。

もう高学年、学校も何年も通ってるんだから、慣れているでしょう。友だちだって変わってないわけだし、何か、新しいことをしたほうが、と思う気持ちも分かります。

「でも、何かしない？　って聞いても、生返事ばかりで、決めきれないみたいです。目標とか、好きなこととか、絶対あったほうが、いいと思うんですよね。時間がもったいないというか、隣の○○ちゃんは、スイミングで市の大会に出るし、続けているってスゴイと思うんですよ」

そう話すSちゃんのお母さんは、明るくて行動的な方です。

Sちゃんは、どうなんでしょうか。

「Sは、特に不満を言うわけでもなく、毎日淡々としてます。でも、面白くなさそうなんです。前はもっとお友だちと遊んだりしてたんですが、今は家でゴロゴロしてばかりで。おとなしくて、あんまりしゃべりません。仲良しのお友だちが受験することになって、あんまり遊べなくなったのもあると思います」


お母さんは、どうなったらいいとお考えですか?

「Sがもっと楽しそうにしてたら、いいと思います」

う〜ん、楽しくするかどうかは、Sちゃん次第ですよね、お母さんにはどうにもできないことだと思います。お母さんができることって、なんでしょう。

Sちゃんが興味を持ちそうなことをいろいろ見つけてきて、提案するのは、できそうです。

でも、興味を持たなくても、がっかりしなくていいんです。お母さんは、自分の気が済むように、Sちゃんにいろいろ提案してみる。それは、お母さんの満足のためです。

それをSちゃんがやるかどうかは、また別の話ですね。

実際問題、人生って、いつもいつも目標が明確で、それに向かって進んでいる時期ばかりじゃないです。どっちへ行きたいんだか分からない、何がしたいんだか、分からない。そんな時期も、あっていいと思います。

そんな時期は、遠くを見ず、今日一日のことを見て、今日一日のよかったことを数えて、過ごしていくのも、いいんじゃないでしょうか。

いつもいつも全力で走ってなくても、ちゃんと子どもは成長してますから、お母さん、あんまり焦らないでくださいね。

今のSちゃん、**何もしていないのではなくて、パワーをためているのかもしれません。そのパワーは、Sちゃんが目標を定めたときに、役立つパワーです。**

目標のないときにも、目指しているときにも、変わらず応援してくれているお母さんがいるから、安心してパワーがためられます。

ひそかにパワーをためているSちゃん、いいじゃないですか。きっと大爆発しますよ。

Sちゃん、パワーが爆発したのは、中学3年生くらいからです。声優になるという夢を持って、東京の専門学校へ進学しました。寮生活です。

あんなにおとなしくて心配したのに、とお母さんは笑ってます。

20 勉強ができない、運動ができない

↓ 平均的にできるより、一つだけ得意な教科、種目をつくればいい

あっ、第3章でもお話ししましたね。でも、この章は、小学校高学年ですから、ちょっとポイントが変わってきます。

高学年になると、教科の数が増え、勉強の内容も高度になってきます。そうすると、得意な教科と苦手な教科ができてくると思います。

第3章でお話しした通り、**子どものできていないところを指摘するのは効果的ではありません**から、**できている教科、できているジャンルを見るようにしてください。**

教科によって出来・不出来があると、ともすれば、できていない教科をどうにかしようとしがちです。でも、できていない教科、苦手な教科は、しなくていいです。

え～～っ、と言われそうですね。
でも、得意な教科、好きな教科を伸ばしてあげてほしいんです。

これからの社会では、何でもそこそこにできる、平均的な人材は、あまり必要とされません。それよりも、一つだけでも突出した力のある人材が必要とされる時代になります。

小学校のあいだは、苦手なものを埋めようとせず、得意なものの力をどんどん伸ばしてあげてください。好きな教科、得意な教科は、やればやるほど、楽しいです。楽しくやっていると、成績が上がります。一つでも成績が上がったら、勉強が好きになるんです。

反対に、苦手な教科、嫌いな教科ばかりやると、勉強全体が嫌いになります。勉強が苦痛です。苦手ですから、努力のわりに成績が伸びません。
「これは、得意」というものを作ってあげてください。

漢字の書き取り
キライだよー
めんどくせー
得意分野を伸ばすか
じゃあ算数だけ
がんばったら？
パァ〜
えっ!?
ホントに!?
すっげ〜
楽しいー
ヒャッホウ
バリバリ

これは、運動も、同じです。何か一つでいいので、「いける！」というものをつくってあげてほしいです。

ボール運動も、陸上も、器械運動も、水泳も、何もかもできなくて、いいんです。何か一つ、好きなものをつくってあげておいてください。

縄跳びでも、けん玉でも、かまいません。好きなものが一つでもあれば、「運動全体が苦手」ではなくなります。

これからの時代は寿命が１００歳を超える時代です。身体を健康に保つ力も、人生全体を生き抜くうえでは重要です。

身体を動かすことが、楽しいことだ、気持ちいいことだ、と教えておいてくださいね。

21 人の好き嫌いが激しい

↓「好き嫌い」は大事。感情に振り回されずに行動すればいい

小学校高学年になってくると、先生との相性という問題も、よく起こります。友だちとの相性もありますね。

５年生のＵちゃんのお母さんから、ご相談です。

「人の好き嫌いが激しくて、今度の担任の先生がどうしても好きじゃないって、だから学校へ行きたくないなんて、言うんです。私がわがままに育てたせいだと思うんですが、お友だちともはっきりものを言いすぎてよくケンカになるみたいです」

Ｕちゃんには年の離れたお兄ちゃんがいますが、進学のために家を出ていて、家に

はお父さんとお母さん、そしてUちゃんの三人暮らしです。

Uちゃん、好き嫌いがはっきりしていて、いいですね。

お母さんは、うれしそうな顔になりました。でも、口では、別のことを言います。

「誰とでも仲良くできないと、将来困りますよね。こんなに好き嫌いをはっきり言うなんて、どうなんでしょう。家ではみんなUの言うことを聞いてしまうから、Uがすっかり我慢できない子に育ってしまって。でも、どんなふうに言ってやったらいいのか分からないんです。このままUの言う通り、学校へ行きたくないなら、行かなくていいって言ってあげるべきなんでしょうか」

好き嫌いがはっきりしていて、それを表現できることは、素晴らしい力です。何が好きで何が嫌いか、はっきり表現しないと、これからの国際社会では生き残っていけないからです。

どちらでもいい、なんてあいまいな態度を取っていると、自分のしたいこととはまったく別のことをやる羽目になったり、欲しいものでもないものを高値で買わされたりします。

Uちゃん、自分の好き嫌いを自由に表現できる家庭に育っていて、素晴らしいです。そう伝えると、お母さんは、ちょっと変な顔をされました。

「でも、ほかの人に、嫌われたりしませんか?」

いいところに気がつきました。そうですね。好き嫌いをはっきりすると、嫌われるリスクも増えてきます。

「えっ、それはかわいそうです。やっぱり好き嫌いは心の中で思っても、言わないようにしたほうがいいんじゃないですか」

好き嫌いをはっきり言っても、嫌われない方法があるんですが、それをお伝えしましょうか?

「はい、ぜひお願いします」

好き嫌いをはっきり言って、嫌われない方法は、好き嫌いという感情によって行動を変えないということです。

Uちゃんのケースで言うと、

「この先生は嫌い。だから学校へ行かない」

という行動を選択しないということです。

好きか嫌いかということと、取るべき行動を分ける、ということですね。

先生が好きか嫌いかということと、学校へ行くか行かないかということは、まったく無関係、別次元のことです。

好き嫌いのはっきりしている人が嫌われやすいのは、その好き嫌いの感情によって行動が振り回されてしまうからなんです。感情がはっきりしていても、その感情に振り回されずに行動できる人は、人から信頼されます。

好きだろうが嫌いだろうが、やるべきことをやる人は、世の中のお役に立つ人です。世の中のお役に立つ人が、嫌われることはありません。むしろ、信頼され、愛され、好かれます。

Ｕちゃんには、この話をしてあげてくださいね。そして、先生が嫌いということと、学校に行くということを別々に考えて行動できるようになってほしいと伝えてください。

学校に行くのは、先生に会うためではない。先生がどんな人であれ、Ｕちゃんは、自分の決めたことを決めた通りにやるといいよ、とお伝えください。

頭のいいＵちゃんですから、きっと理解できます。

22 趣味が悪い、変な服装をしたがる

↓ 理解できなくても、子どもの「好きなもの」を否定しないこと

どうして、よりによって、その色で、そのデザインを選ぶのか、理解できないんです、と相談を受けました。Hくんのお母さん、専業主婦ですが、Hくん6年生のお母さんです。Hくんのお母さん、いつもおしゃれにされています。ヒールのある靴を履いて、ひざ丈のスカートやワンピースをきちんと着こなされています。

Hくんの、その「よりによって、その色、そのデザイン」がどんな服かは分かりませんが、きっとお母さんの好みとはかけ離れているんだろうな、と想像できます。

小学校も高学年になると、趣味や好みがはっきりしてきて、親とは違っているというだけのことなんですが、お母さんは、「理解できない」と繰り返しおっしゃってます。

「自分の好きな服を着たければ、大人になって自分のお金で買えばいいと思います。私は、そんな変な服にお金を払いたくないし、何より近所の人にどんなふうに言われるかと思うと、ぞっとします」

なるほど。確かに、お金を出すのは親なので、お母さんが言われることにも一理あります。

お母さんは、Ｈくんにどんなふうに成長してほしいとお考えですか？

そう質問してみました。

「自分の考えをしっかり持って、自立した大人になってほしいです」

そうなんですね。服装に関しては、どんなふうにお考えですか？

「服装は、周りの人にいい印象を与えるために着るものですから、その時と場にふさわしい、その年齢にふさわしい服装を選ぶ必要があると考えています。

もちろん大きくなったら、自分の考えで服装を選んだらいいと思うんです。でも、まだＨは、ふさわしいものが選べません。だから私が選んだ服を着るのがいいと思うんです。だらしない、変な格好させてるなんて思われるのはいやです」

そうなんですね。お母さんが言ったら、Hくんは言う通りにするんじゃないですか？

自分では買えないんですから。

「でも、Hに納得して着てほしいんです。せっかく買ってあげるんだから」

Hくんはどう言ってますか？

「『お母さんには、分からない』って言ってます」

なるほど、なるほど、です。お互いに理解できないんですね。


では、「お互い、理解できていない」ということは、理解しあえますね。「お互いに、いいと思う服が違っている」という認識でいいでしょうか？ それから、お互いに、自分のいいと思う服を否定されて、気分が悪い、という認識も共有できますか？

「はい、分かります」

では、お母さん、Hくんにお母さんの選んだ服を納得して着てもらうためには、Hくんの好きな服を「だらしなくて、変だ」と言ったことを謝らなくてはいけませんね。

自分の好きなもの、大切にしていることを、否定されるのはいやな気持ちのすることです。

相手が好きなものを好きになる必要はありません。理解する必要もありません。でも、否定するのは、失礼なことです。たとえ、相手が自分の子どもであっても。

否定するから、否定されるのです。

相手を理解できなくても、いいのです。

相手を理解できなくても、相手が大切にしているもの、大切にしていることを尊重することはできます。

Hくん、これから中学生になりますね、お母さんと違う価値観を持って生きていくとしたら、お母さん、いやですか？

「いえ、たぶん、私は、自分が間違っていると言われてるみたいで、いやだったんですね。子どもには子どもの価値観があって、私は私の価値観があって、それでいいんですね」

「Hが着たい服、中学校になったら、買ってあげようと思います。どこがいいのか、教えてもらいます。私もHのことを理解できるようになりたいです」

と、お母さんはおっしゃってました。

23 約束を守らない、嘘をつく、隠し事をする

⬇ 親も子も苦しめる約束は見直すが吉

「決めたことを、決めた通りにやらないんです」

とＭくんのお母さんが言われました。

「塾のお迎えのために、スマホを持たせているんですが、ネットを見る時間を約束しても、守りません。叱っても聞きません。どうしたら、いいですか」

どんな約束をしたのか、聞いてみました。

Ｍくんは、YouTube《ユーチューブ》を見るのが好きで、特に好きなユーチューバーがいるそうです。塾の宿題もあるのに、ネットを見る時間が長すぎるそうです。

話をして、ちゃんと、一日30分、と約束したんです。でも、その約束が守れない、ということでした。

Mくん、6年生ですね、塾に行ってるんですね。中学受験をするんですか？

「いえ、中学は公立です。塾は、補習的な塾なんですが、家だと勉強しないから、行かせてます」

大好きなことを制限するのは、大人でも難しいですが、Mくんはよく一日30分という約束をしましたね。どんなふうにして、話をされたんですか？

「スマホを持たせるときに、ゲームやネットを使うときの約束をしました。以前からスマホ依存のことや、最初が肝心だ、と聞いていたので」

そうなんですね。最初に話しておくなんて、さすがです。そのときに話をして、スマホでネットを見るのは一日30分と決めたんですね。

30分という時間を決めたのは、誰ですか？

「それは、本人です」

Mくんが、30分にする、って言いましたか？　お母さんが30分よ、って言いましたか？

「最初に30分って言ったのは、私です。でも、本人もそれでいいって、納得して決めました」

そのあと、その約束が守れてないいんですね。

「はい。約束でしょ、って言っても、こっそり隠れて見ているみたいです。見張ってるわけではありませんが。約束したことを守らないって、やっぱりいけませんよね。でも、どうしたらいいんでしょう、今さらスマホなしにはできませんし」

それでは、その約束を見直してみる、というのは、どうですか？

「えっ、決めたことを、変えるってことですか？　決めたことは決めた通りにしなくてはいけないんじゃないですか？」

そうですね、決めたことを決めた通りにするのは、素晴らしいことです。でも、やってみてできないんだったら、思いきって見直しするというのも、必要なことです。

一日30分にしよう、と決めて、スマホ生活を始めたわけですが、今、現実には、Mくんは一日30分以上ネットを見ているわけです。

お母さんがおっしゃる通り、Mくんくらいの年齢になったら、お母さんが一日中見張るわけにも、無理やり取り上げるわけにも、いきません。

Mくんが自主的に守れる約束にしないと、約束の意味がありませんね。

守れない約束をしたばかりに、こっそりネットを見ているMくんは、大好きなことを罪悪感を感じながらやっているわけだし、お母さんも約束を守ってないことでMくんを責めたり、不信感を感じたりしてるみたいですよ。

約束って、Mくんやご家族がよくなるために、したんですよね。

約束のために、Mくんもお母さんも、不幸になってませんか？

もう一度、ご家族で時間をつくって、話してみるのがいいんじゃないですか？

Mくんはお母さんと、平日は一日30分までやめる、でも、お休みの日は、宿題を終わらせた後は、好きなだけ見ていい、という約束をしました。

なんで約束が守れないの？
スマホは1日30分でしょ
ヤベ
だったら守れる約束に変えようよ
えっ守れる約束？
宿題が終わったら好きなだけやっていいよ
やったー

Mくん、うれしそうだった、とお母さんがおっしゃいました。お母さんも、うれしそうでした。

大人の世界でも、決まりありきになってしまって、実態とはかけ離れてしまうことって、よくあります。

決まりって、人間が幸せに暮らすために、人間が決めた約束事です。人間が決めたんですから、変えることも、可能です。

特に子どもたちは成長のさなかにありますから、それに合わせて見直ししていくことって、当然のことです。

悪いことをしているわけでもないのに、隠れてこっそりしなくてはいけない、なんて、悲しいですよね。

事実を隠さなくてはいけない、となると、子どもたちは嘘をつくことになります。

子どもたちの嘘は、すぐにばれますから、それでまた怒られることになります。

約束を守ってないことで、責められなくてもいいと思いませんか。

大人であっても、約束を守れないことって、あります。

約束を守らなかった、守れなかった、という事実をごまかさず、でも、責めない。

そして、次にどうするか、どうやったら守れるかを冷静に考えていくというのが、いいですね。

第5章

思春期以降編

——うまくいくかどうかは「距離のとり方」で決まる

親子関係がギクシャクするのも成長の証

さて、思春期以降の子どもたち、中学生や高校生ともなると、親の影響力よりも、学校や塾の先生、友だち、先輩、ＳＮＳでつながっている人、もしくは、好きな芸能人や、尊敬しているアーティストや作家の影響力のほうが、大きくなってきます。

お父さん、お母さんの言うことは聞かないけれども、テレビで好きなタレントの言っていることはすぐに実行したりするんですね。

それは、子どもたちの世界が広がってきているということの表れなので、良いことであるのですが、子どもたちを守る、子どもたちを真の意味で育てるということでは、親の力もまだまだ必要です。お父さん、お母さんの出番は、まだまだここからです。

この時期に、子どもと親との関係が良好で、ある程度話が通じるかどうかは、それ以前の親のかかわり方にかかってきます。

もし一方的に親が子どもを支配しようとしたり、過度に甘やかしたりかかわりすぎたり、あるいは放任しすぎたりすると、子どもとの関係にひずみができてしまいます。恐がられたり、避けられたり、嫌われたり、反対に依存されたり、軽蔑され、反抗・攻撃されたりすることもあります。

良好な関係を築くためには、第4章まででお伝えしたように、子どもを一人の人間として尊重する態度を保つことが大切です。

子どもを大切にし、尊敬していれば、子どもも親を大切にし、尊敬してくれます。与えたものが、与えられるのです。

そうやって、良好な関係を築いてきたご家庭でも、思春期のコミュニケーションは、ぎくしゃくすることがあります。

それは、どうしてか、お話ししますね。

思春期の子どもの特徴として、身体が急に変化するのにともなって、精神的に不安定になること、親とコミュニケーションを取ることを恥ずかしがったり嫌がったりすることがあります。

子どもたち自身も、自分の気持ちが定まらずにもやもやしているうえに、親との関係も変化してきていて、素直に話を聞けなかったり、素直に気持ちを表現できなかったり、します。そんなこと、自分もありませんでしたか？

それは、そういう時期だと思って、あきらめてください。

そして、お父さんやお母さんは、何事もなかったかのように、平常心で接してあげてください。

そうやって、子どもとの距離をちょうどいい感じに調整してくださいね。踏み込みすぎず、広げすぎないようにしながら、見守っていてください。

思春期以降の子どもたちの「困った」サイン、けっこう深刻なものも、あります。

いざというとき、お父さんやお母さんの出番です。いざというときが、来ないのが一番ですが。

24 友だちがいない

↓精神的に自立していれば、「孤独」でも大丈夫

うちの子、友だちがいないんです、とSくんのお母さんから相談されました。

Sくん、進学校に通う高校１年生です。

「一緒にお弁当を食べたり、休み時間にちょっとしゃべったり、そんな友だちもいなくて、学校生活ってツラくないでしょうか。私だったら、耐えられません」

Sくん本人は、どう言っているんですか？

「本人は、『べつに』って、あっけらかんとしてます。

友だちがいないなんて、よほど嫌われてるんでしょうか。コミュニケーションに問

題があるんでしょうか」

ひとりでお弁当食べて、おしゃべりもせずに、学校生活を送っているって、ことですか？

それで、毎日登校してるんですよね、いじめとか、トラブルもないんですよね。それだったら、何の問題もないように思います。ところで、お母さん、どうしてSくんに友だちがいないって、分かったんですか？

「Sが、そう言いました。友だちなんていないって。飯も一人で食べてるって」

お母さん、もしかしたら、どんな友だちがいるか、Sくんに聞きましたか？

「えっ、はい、聞きました。高校に入ってから、あんまり家で話をしなくなったんで、様子が分からなくて、ちょっとコミュニケーションを取ろうと思って」

その話をするとき、Sくん、うるさそうな感じじゃなかったですか？

「はい、最近はいつもそうですけど」

そうなんですね、お母さん、ちょっとSくんにかまいすぎかもしれませんね。

Ｓくん、友だちがいなくても、大丈夫です。お母さんが思っているよりも、ずっと精神的に自立しているんですよ。孤独にも強いですね。

あんまりいろいろ訊ねないようにしてみてください。向こうから話をするのを待つ感じで、ね。

話したくなったら、話してくれます。そのときに、しっかり聞いてあげてくださいね。

25 お金を無駄づかいする

↓ お金＝悪だと思っていませんか？ お金を集めるのはすごい実行力

お金をたくさん使うんです、とTちゃんのお母さんから相談がありました。

Tちゃん、中学3年生です。大好きなアイドルのグッズを、買いまくるそうです。コンサートにも行きます。おこづかいだけではもちろん足りません。

どうしてるんですか？　アルバイトでも？

「それが、インターネットで、ものを売ってるみたいなんです」

へえ、すごいですね、ネットオークションですね？

「すごくないですよ、足りなかったらおじいちゃんやおばあちゃんのところまで行って、お金をせびってくるんです。昔からお金にがめつい子で、先日なんか、プレミアの何とかいうものを買うのに、10万円も使ったんです」

10万円、自分で用意したんですね、Tちゃん、素晴らしいですね！　どうやったんですか？

「私の実家とお父さん方の実家に行って、おじいちゃんやおばあちゃんに、欲しいものがあるから、お金ちょうだい、って言ったそうです。アイドルの何とかちゃんの、超レアな何とかで、とか話して、おじいちゃんおばあちゃんは、Tに甘いから、お金集めてきたみたいなんです」

Tちゃん、すごい実力ですね！　おじいちゃんやおばあちゃんに、プレゼンしたってことですよね！　お金集める力があるんですね。

「えっ、こういうの、いいんですか？　自分で働いてもないのに、お金もらって使うなんて、許してもいいんですか？」

Tちゃんは、お母さんの許しなんか待っていないいんじゃないですか？

「そうなんです、もう全然、私の意見なんて聞きません。したいと思ったら、どんな手を使ってもやり遂げます。いろんな手を考えるんです、昔からそうでした」

お金について、私たちはあまり知りません。お金について思っていることは、自分の親や祖父母の言っていることややっていることに影響されていることが多く、それが客観的な事実かどうかや、現代でも通用する常識なのかは考えたこともありません。

「お金、お金」って言うのは、はしたないことだ、とか、

お金を欲しがってはいけない、とか、

お金は節約すべきだ、

お金は悪だ、お金は汚い、

お金は汗水たらして働いて得るものだ、

このような思い込みが、正しいかどうか検証されることなく、それぞれの人生に影響しているのです。

Tちゃんのお母さんは、お金をもらうことを「せびる」、「がめつい」、と表現して

います。きっとお金をもらうことはいけないこと、のような信念があるんでしょうね。

でも、Ｔちゃんには、そんな信念はなさそうです。

お母さんの心配も分かるんですよ。大きなお金は、使い方を間違えると犯罪に巻き込まれたり、狙われたりもします。

Ｔちゃんのお母さんは、Ｔちゃんが道を踏み外さないように、判断を誤らないように、見守ってあげてくださいね。


Ｔちゃんは、お母さんの持っているお金の常識をはるかに超えて、自分でお金を調達する行動力があるようですね。中学生で、この実行力、素晴らしいとは思いませんか？


世の中は、Ｔちゃんのように、「何が何でも、こうしたい」という強い意志のある人が切り拓いていきます。志を立て、協力者、賛同者を募り、方法を考え、実行し、やり遂げます。それって、素晴らしい力です。

Ｔちゃん、きっと大物になりますね。

26 性的なことに興味がある

➡ 健全に発達している証拠。性についてオープンに話せる下準備を

男の子のお母さんから、「子どもの部屋でエロ本を見つけてしまったんですけど、どうしたらいいでしょう」と、聞かれたら、「見なかったことにして、そっと戻しておきましょう」と答えます。

健全に発達しているということですから、何の問題もありませんね。

でも、たとえば、自分の子どもが彼女を妊娠させてしまった、というケースはどうでしょう。

まったく想定していない、という人も多いんですよ。でも、起こりえます。実際に起こっています。

最近の子どもたちは身体の発達が早いので、下手をすると小学生でも妊娠はあり得ます。早い段階から、きちんとした性の知識、妊娠の仕組み、避妊の方法など、子どもたちに教えておく必要があります。

健全に発達すれば、性に対する興味も持つのが当然です。興味があれば、やってみたくなるのも、当然です。やってみたら、妊娠する可能性も、当然あります。

その必要性が分かっていても、お金の話と同様、性についても、親子でおおっぴらに話をするのは難しいと考える人が多いです。学校にまかせっきりというご家庭も少なくありません。

でも、先送りしているうちに、取り返しのつかないことが起きてしまうのも、いやですよね。

恥ずかしいとか、めんどうだとか、自分にはできない、と考えるよりも、行動です。最近は、親子で学べる性の教室や、性教育のための絵本、書籍もたくさん出ていますから、まずはどんなものがあるか、調べてみましょう。

あなたが思っているよりも、世の中は進んでいます。あなたが教育を受けた時代より、やりやすくなっているはずです。

事前に手を打っておくことを、お勧めします。できれば幼稚園児くらいから、少しずつ話しておくといいですね。

そんなふうに、家庭でオープンに話せる下地をつくっておくと、いざというときに話がしやすいのです。彼女ができた、と聞けば、避妊の話ができます。

ほかの人に相談しにくいこと、聞きにくいことほど、相談してもらえる親子関係にしておきたいですね。

そして、もし、「妊娠させた」「妊娠した」と、子どもが打ち明けてくれたら、相談してくれたことを喜んでください。「よく相談してくれたね」って、言ってあげてくださいね。言えずに一人で苦しんだり、黙って処理したりするよりも、相談してくれる方が、よっぽどいいです。

気が動転するとは思いますが、親は子どもの一番の味方です。

相手の親とも連携して、子どもたちにとっていちばんいいように一緒に考えてあげてくださいね。

27 主体性がない、進路について希望がない

親は、子どもの「自分で決めた」を手助けしよう

自分が何をしたいのか、はっきりしないということは、中高生ぐらいの年代ではよくあることです。

経験も知識も、まだまだないわけですから、そもそも何から選んだらいいのか、どう決めたらいいのかも、分からなくて当然です。親や先生のできることは、子どもの適性や希望を聞いて、どんな進路があるのか情報を提供することです。そのさいに、親の期待や希望を押し付けてはいけません。

もちろん、どれぐらい学資にお金をだせるとか、足りない分はどうするとか、そんな話は必要です。

でも、親の考えで、子どもの人生の選択肢を狭めてはいけないのです。

子どもには子どもの人生計画があります。


先日相談に来たMちゃんは、高校3年生です。まだ進学なのか就職なのかさえ、決められません。クラスの中で進路の決まっていないのは、Mちゃんだけです。

勉強は好きでもないし、そんなに続けたいわけでもないですが、お父さんが短大くらい出ておいたほうがいい、というので、そうかな、と思っています。興味があるといえば、お菓子づくりなんですけど、と口数少なく、Mちゃんは言います。

お菓子作りなら、製菓の専門学校かな、関東、関西でもいいね。それだと就職も幅がひろがるね。地元にも2校ある。もしくは有名なケーキ屋さんで教育機能のあるところへ就職、のような選択肢もあるね、と言うと、どうしようかな、とやはり決められません。

お父さんやお母さんと、もう一度相談してみる、とMちゃんは帰っていきました。

私たちは、人生のあらゆる場面で、決めることを要求されています。今日着る服、乗る電車、何を食べるのか、何を飲むのか、仕事へ行くのか行かないのか、何をするのか何をしないのか、電話をかけるのかラインで済ますのか、瞬時に決めて行動しています。

なかなか決められないという人は、決めるときに「自分で決めた」という感覚を持たずに生きています。実際には、あらゆることを自分が決めているのですが、自分が決めたという感覚を持っていない、その感覚がにぶいのです。

自分が決めた、と感じていないという人は、物事を決めるときに、どう捉えているのかというと、「誰かに言われたから」「誰かが喜ぶから」「誰かが怒るから」「みんながそれがいいと言うから」「それしか選択肢が無いから」「そんなに嫌じゃないから」、そう捉えています。

それが選択の理由でも、かまわないんですよ。でも、最後は、それを踏まえて、「自分が決めた」のです。それをごまかさないようにしましょう。

「自分が決めた」という感覚を持たないと、どんないいことがあるかというと、失敗

したときに、言い訳の余地を残すことができるのです。人のせいや環境のせいにして、自分が責任を取らなくていいようにしておけます。

その代わり、何をどうするか、自由に決めていいよ、と言われたときに、決めることができません。

失敗したときに、言い訳ができる、という人生を生きるのか、自分が決めているんだという実感のある人生を生きるのか、どちらでも、選べます。

進路選択というのは、子どもにとって人生の岐路を選択する、最初の機会でもあります。

親や先生、周りの大人は、どうか子どもが自分で決められるように、援助してあげてほしいです。

たとえ、失敗したとしても、自分で決めたことだったら、学ぶことは多いはずです。失敗したことを誰かのせいにして言い訳するより、かっこいい大人になれます。

誰かに決められると人のせいにする

自分で決めると胸を張って生きられる

子どもたちにとって、一年は、長いときのように感じられます。

一度失敗したら、人生終わるんじゃないか、取り返しがつかないんじゃないかと感じるでしょう。

でも、長い目で見れば、一年なんてあっという間だし、進路を間違えたからといって、取り返しがつかない、なんてことは、ありません。

どれを選んでも、自分で決めたことなら、正解です。

どんなことも、経験になるし、人生に無駄なことはひとつもありません。

人生に失敗なんて、ない、と子どもたちに伝えましょう。

私たちも、そうやって胸を張って生きていきましょう。

おわりに

私はときどき、子育て中のお母さん方と、自由に話ができるお茶会を開いています。子どもさんも連れてきていいし、ほかのお客さんの迷惑にならないように個室にして、お母さん同士でお互いに子守りもしあって、何か聞きたいこととか話したいこととか、自由に話せる場です。

先日、その子育てお茶会でお会いした、ある若いお母さんとのやりとりです。半年くらいのかわいい赤ちゃんを抱っこされてました。

「かわいいですね」と話しかけると、「よくそう言ってもらえるんですが、私、この子がかわいいと思えないんです」と言われました。

一緒に参加されていた別のお母さんが、すっとその赤ちゃんを抱っこしてくださいました。

若いお母さんは、

「この子が泣いていても、なんとも感じないんです。ミルクもあげたし、おむつも大丈夫なんだから、と思って放りっぱなしです。ほかにしないといけないことがいっぱいあるから。私って、ひどいですか？」

と早口で言って、私の目をじっと見られました。

そのお母さんの背中をそっと抱いて、とんとんしながら、「がんばってるんやね」と言うと、お母さんの目から涙がすーっと出ました。近くにいたお母さんが頭をなでてくれています。

子育て時代に必要なことは、この、言葉にならない温かさだったり、励ましだったりするんです。この本を読んでくださる方にも、届けばいいなと思います。

子育ての期間、つらいこと、困ったこと、泣きたいこと、いっぱいあると思います。子育ての喜びを感じるのとは別に、必ずあると思います。

もし、あなたがそんななかにいるのであれば、この本が少しでもお役に立てたら幸いです。

子育ての苦労、困ったこと。過ぎてしまえば、なんてことはありません。子どもが大きくなったら、すぐに忘れてしまうと思うんです。

でも、もしかしたら、あなたのそばに、孤独に子育てしている、泣き方も忘れてしまっているようなお母さんがいるかもしれません。どうか、そんな方がいたら、あなたの温かさを分けてあげてもらえませんか。

アドバイスとか、いりません。

ただ、ちょっとだけ、そばにいてあげてください。

田嶋英子

息子が社会人になりました

著者紹介

田嶋英子 プロコーチ／NLPマスタープラクティショナー。あねごイノベーションズ代表。1961年佐世保生まれ。広島大学教育学部で教育学と心理学を学び、卒業後は高校教諭として活躍。結婚・出産後は二男一女を東京大学などへの進学サポートに成功。現在は、子どもの不登校・ニート・引きこもり問題、夫婦関係の改善など、家族・子育て・職場の人間関係に精通した「お母さんサポートの専門家」としてセミナーやトレーニングを行っている。著書に『子どもの「言わないとやらない！」がなくなる本』（小社刊）などがある。

※NLPとは、Neuro Linguistic Programming（神経言語プログラミング）の略で、コミュニケーション技法と心理療法を中心につくられた最先端の心理学メソッドです。

わがまま、落《お》ち着《つ》きがない、マイペース…
子《こ》どもの「困《こま》った」が才能《さいのう》に変《か》わる本《ほん》

2018年12月1日　第1刷

著　者　田《た》嶋《じま》英《えい》子《こ》
発行者　小澤源太郎

責任編集　株式会社 プライム涌光
電話　編集部　03(3203)2850

発行所　株式会社 青春出版社
東京都新宿区若松町12番1号 〒162-0056
振替番号　00190-7-98602
電話　営業部　03(3207)1916

印　刷　中央精版印刷　　製　本　大口製本

万一、落丁、乱丁がありました節は、お取りかえします。
ISBN978-4-413-23108-4 C0037

田嶋英子先生の大好評！子育て本

子どもの「言わないとやらない！」がなくなる本

自分で決め、自分からやる心を育てる
ちょっとした方法

1300円
ISBN978-4-413-03914-7

子どものグズグズがなくなる本

すぐ「できない」「無理～」と言う・
ダダをこねる・要領が悪い…

1300円
ISBN978-4-413-03942-0

「やっていいこと・悪いこと」がわかる子の育て方

いちばん大事なのは「自分で判断する力」

1300円
ISBN978-4-413-03976-5

子どもの一生を決める！「待てる」「ガマンできる」力の育て方

自分で決め、自分からやる心を育てる
ちょっとした方法

1300円
ISBN978-4-413-23056-8

※上記は本体価格です。（消費税が別途加算されます）
※書名コード（ISBN）は、書店へのご注文にご利用ください。書店にない場合、電話またはFax（書名・冊数・氏名・住所・電話番号を明記）でもご注文いただけます（代金引換宅急便）。商品到着時に定価＋手数料をお支払いください。〔直販係　電話03-3203-5121　Fax03-3207-0982〕
※青春出版社のホームページでも、オンラインで書籍をお買い求めいただけます。
ぜひご利用ください。〔http://www.seishun.co.jp/〕

お願い　ページわりの関係からここでは一部の既刊本しか掲載してありません。折り込みの出版案内もご参考にご覧ください。